한국 교회 처음 이야기
성경으로 풀어 읽는 한국 초대교회사

믿음이란
한 알의 밀알이 땅에 떨어져 죽음으로 많은 열매를 맺음과 같이
진리의 열매를 위하여 스스로 죽는 것을 뜻합니다.
눈으로 볼 수는 없으나 영원히 살아 있는 진리와
목숨을 맞바꾸는 자들을 우리는 믿는 이라고 부릅니다.
「믿음의 글들」은 평생, 혹은 가장 귀한 순간에
진리를 위하여 죽거나 죽기를 결단하는
참 믿는 이들의, 참 믿는 이들을 위한, 참 믿음의 글들입니다.

성경으로 풀어 읽는 한국 초대교회사
이덕주 지음

한국교회 처음 이야기

홍성사.

차례

여는글 7

I. 복음이 처음 들어온 이야기

1. 열린 문, 고려문 21
2. 바늘 눈인가, 바늘귀인가 28
3. 조선의 마게도냐인 35
4. 너희는 나를 누구라 하느냐 41

II. 이 땅에서 수고한 선교사들

5. 같은 날 둘이 함께 51
6. 선한 사마리아인의 발자취 57
7. '한 알의 밀알' 무덤 65
8. 언덕 위 양관 73
9. 협산자 예배당의 부부 공덕비 80

III. 복음으로 변화된 사람들

10. 한국의 최초 목사는 머슴 출신이었다 89
11. 쌀 교인에서 참 교인으로 96
12. 너희는 성경을 어떻게 읽느냐 102
13. 낮아지고 높아지고 109

IV. 이 땅에 뿌리내리는 복음

14. 네 이름이 무엇이냐 119
15. 태극등과 십자기 126
16. 찢어진 휘장 134

V 초기 부흥운동 이야기

17. '알지 못하는 신에게' 141
18. 몽학선생 147
19. 회개와 양심전 157
20. 동·서양의 화해 163
21. 새 술은 새 부대에 170
22. 날연보와 성미 177
23. 새벽기도와 통성기도 184
24. 사경회와 성경 암송 192

VI 기독교인들의 나라 사랑

25. 구국기도회와 도끼 상소 203
26. 희생양 피 세례 210
27. 독립운동가의 '땅 끝 선교' 217
28. 민중 목회와 민족 운동 224
29. 믿음의 연단 105인사건 231

VII 땅끝까지 전한 복음

30. 금년 안에 백만 명을 주옵소서! 241
31. 디아스포라 선교 248
32. 나라 밖에서 '하나 된' 교회 255
33. 구세동 '예수마을' 262

찾아보기 271

일러두기
본문에 나오는 성경구절은 개역개정판을 기본으로 삼았으며, 예외의 경우는 따로 표기하였다.

여는 글
한국 초대교회 '처음 사랑'을 찾아서

한반도에서 이루어진 말씀의 역사

이 모든 일이 된 것은 주께서 선지자로 하신 말씀을 이루려 하심이니 이르시되 보라 처녀가 잉태하여 아들을 낳을 것이요 그의 이름은 임마누엘이라 하리라

○ 마태복음 1장 22-23절

어린 시절 신약성경 중 특히 마태복음을 읽을 때, 본문에서 눈에 많이 들어왔던 부분이 "이는 선지자를 통하여 말씀하신 바 ……함을 이루려 하심이라"는 구절이었다. 마태복음에는 이런 표현이 12회에 걸쳐 나온다. 특히 그리스도의 탄생을 기록한 1-2장에서 5회에 걸쳐 구약을 인용하면서 탄생과 관련된 사건들이 우연히 일어난 것이 아님을 강조하였다.

이런 "선지자를 통하여 말씀하신 바 ……함을 이루려 하심이라"는 표현이 내가 어려서 읽었던 옛날 성경에는 "말씀이 응(應)하였더라"는 식으

로 표현되어 있었다. 마태는 구약의 율법이나 예언서에 나타난 '말씀의 응함'으로 신약의 복음을 설명한 것이다.

요한은 그것을 '하나님의 말씀(로고스)이 육신이 되어 우리 안에 있게 된' 사건으로 설명하였다(요 1:14). 성육신(成肉身, incarnation)이란 이름을 붙인 이 사건이 복음과 교회와 신학의 출발이 되었다. 이후 언제 어느 곳이든 복음이 전파되는 곳에는 이 같은 말씀의 성육신 사건은 일어났고 그것을 밝혀 기록하는 것이 교회 역사가의 책임이 되었다.

한국도 마찬가지 아니겠는가. '성경말씀이 한반도에 응하여, 한민족 역사 속에 일어난 말씀의 성육신 사건'을 기록하는 것이 한국 교회사의 내용이 되어야 하지 않을까. 구약의 예언이 신약 역사에서 응하였다면 신약의 말씀이 한반도 역사에서 응하지 말라는 법이 있을까. 성경말씀이 '율법과 예언'이 되어 한반도 한민족의 역사 속에 이루어진 사실을 기록하는 것이 내게 주어진 과제라 생각했다.

그런 생각에서 한국 교회사 사건들을 성경말씀과 비교하며 읽어 보기로 했다. 성경말씀, 특히 신약의 사도시대 말씀의 빛에서 한국 초대교회사 사건을 해석해 보았다. 그 결과 다음과 같은 확신을 얻을 수 있었다.

"성경말씀이 한반도에 응하여 한민족의 삶 속에 임하였더라."

바로 이 책에 담고자 하는 핵심 내용이다.

한국 교회의 '처음 사랑' 회복

내가 네 행위와 수고와 인내를 알고 또 악한 자들을 용납하지 아니한 것과 자칭

> 사도라 하되 아닌 자들을 시험하여 그의 거짓된 것을 네가 드러낸 것과 또 네가 참고 내 이름을 위하여 견디고 게으르지 아니한 것을 아노라 그러나 너를 책망할 것이 있나니 너의 처음 사랑을 버렸느니라 그러므로 어디서 떨어졌는지를 생각하고 회개하여 처음 행위를 가지라 ○요한계시록 2장 2-5절

한국 교회사를 공부하기 시작하면서 내 머리를 떠나지 않은 말씀이다. 한국 교회사에 관한 논문을 쓰든, 책을 쓰든, 쓰기를 마치면 떠오르는 말씀이다. 이는 밧모섬에 유배당한 요한에게 들려진 주님의 말씀인데 초대 교회 소아시아 일곱 교회 중에 '모(母)교회' 칭호를 받던 에베소 교회에 주신 말씀이다. 그 말씀은 칭찬으로 시작해서 경고로 끝난다. 복음을 위한 수고와 인내가 남달랐고 이단을 척결하여 정통 신앙을 지켜냈으며, 주를 향한 열심 등에서 칭찬거리가 많았던 교회였지만 '처음 사랑'(first love)을 상실했다는 이유 하나만으로 에베소 교회는 '책망받은' 교회로 기록되었다.

한국 교회사를 공부하고 있는 내게 에베소 교회에 주신 경고의 말씀이 자꾸 떠오르는 이유는 무엇일까? 그것은 밧모섬 계시가 내렸을 당시 에베소 교회 상황과 오늘날 한국 교회의 상황이 너무 비슷하기 때문이 아닐까?

한 세기 조금 넘은 역사에서 한국 교회가 이룩한 선교 업적과 결과는 가히 '20세기 선교의 기적'으로 불릴 만하다. 전체 인구의 20-25퍼센트 정도가 기독교인이라는 통계 수치가 아니더라도 나라 구석구석에 교회가 세워지지 않은 곳이 없으며, 세계에서 두 번째로 선교사를 많이 파송한 나라, 세계 최대 규모의 교회들을 보유한 나라가 되었다. 물론 이렇게

되기까지 한국 교회는 복음 전도와 정통 신앙 수호에 대한 열정을 발휘하였고 고난의 역사 속에서 순교의 피를 흘리기까지 수고와 인내를 아끼지 않았다. 과연 한국 교회는 자랑스러운 과거를 간직하고 있다. 그런데 문제는 한국 교회의 그런 '자랑거리'가 '과거지사'(過去之事)라는 점이다.

한국 교회사를 공부하는 기간 내내 머리를 떠나지 않는 질문이 있다.

"너희 조상들은 정말 위대했다. 그런 자랑스러운 조상을 가진 지금 너희는 어떻게 살고 있느냐? 언제까지 조상 이름만 팔면서 살아 가려느냐?"

과거 역사에 비추어 보면 오늘 우리는 부끄러울 수밖에 없다. 오늘날 한국 교회는 과연 하늘과 세상을 향하여, 또한 과거 신앙 선배들에 대하여 얼마나 떳떳할 수 있는가?

교회 안 깊숙이 파고 들어온 물질주의와 세속주의, 물량적 업적주의가 빚어낸 각종 부조리, 특히 목회자와 평신도 지도층의 윤리적 문제들로 한국 교회는 사회에서 영적 권위와 지도력을 인정받지 못하고 있는 실정이다. 교회 안팎에 "한국 교회 이대로는 안 된다", "한국 교회 근본부터 바뀌어야 한다"는 경고와 비판의 목소리가 높다.

이렇게 된 이유가 무엇일까? 에베소 교회와 마찬가지로 오늘날 한국 교회는 과거의 자랑스러운 역사 속에 담겨 있던 '처음 사랑'을 상실했기 때문이 아닐까? 처음 사랑의 순수한 열정, 조건 없는 희생이 사라진 교회의 사업과 행사가 겉으로는 화려해 보이지만 실속이 없고, 소리는 요란하지만 반향이 없는 것도 당연하다. 한국 교회 '위기 상황'이다.

길은 없는가? 있다. 에베소 교회에 주셨던 기회가 아직은 남아 있다. "어디서 떨어졌는지를 생각하고 회개하여 처음 행위를 가지라"(계 2:5-7). 그래야 촛대가 그 자리에 남아 있고 생명나무 열매를 먹을 수 있을 것이다.

그런 의미에서 오늘 한국 교회에 가장 시급히 요구되는 것은 '회개'와 '처음 사랑 회복'이다. 이 둘은 같은 내용의 다른 표현이다. 참다운 회개는 그에 합당한 열매를(눅 3:8) 수반하는데 그것이 곧 사랑의 실천이다. 오늘의 한국 교회가 영적 권위를 되찾기 위해서 할 일은 '처음 사랑'을 회복하고 '처음 행위'를 반복하는 길밖에 없다.

이런 맥락에서 이 책은 한국 교회 '처음 사랑'과 '처음 행위'가 일어났던 선교 초기 역사에 초점을 맞추었다. 민족사에서 한말(韓末)이라 부르는 1880년대부터 1910년까지 30년 동안, 한국 교회 '제1세대'(first generation) 신앙인들은 복음을 받아들이고 해석하고 그것을 실천했다. 한국의 초대교회사에 해당하는 이 시기에 한국 그리스도인들이 보여 준 '처음 사랑'과 '처음 행위'가 고스란히 담겨 있다. 그것은 복음서와 사도행전에 나타나는 초대교회의 순수한 열정과 헌신, 희생의 역사와 다를 바 없었다. 그 열정과 희생을 바탕으로 하여 한국 교회는 오늘의 모습으로 성장, 발전한 것이다. 한국의 기독교인이라면 잊어서는 안 될 역사이자 소중한 신앙유산이다.

그래서 나는 초대 교인들의 신앙 행위를 '다시 하여' 위기에 처한 오늘의 한국 교회를 구할 수 있을 것이라는 작은 소망을 가지고 자료를 찾고 당시 상황을 재현하며 이 글을 썼다.

역사의 우물을 복원하는 일

이삭이 그곳을 떠나 그랄 골짜기에 장막을 치고 거기 거류하며 그 아버지 아브라함 때에 팠던 우물들을 다시 팠으니 이는 아브라함이 죽은 후에 블레셋 사람이 그 우물들을 메웠음이라 이삭이 그 우물들의 이름을 그의 아버지가 부르던 이름으로 불렀더라 ○창세기 26장 17-18절

신앙의 '2세대'를 대표하는 이삭이 한 일은 '1세대' 아브라함이 팠던 우물을 복원하는 것이었다. 아버지가 죽은 후 아버지가 팠던 우물을 적대세력들이 메워 버렸는데, 이제 아들이 그 우물을 복원하고 우물 이름까지 아버지가 붙였던 것으로 회복시켰다. 이삭은 아버지의 우물을 복원하는 과정에서 아버지가 우물에 남긴 흔적을 발견하였고 그 밑바닥에 이르러 아버지가 마셨던 '생수'(요 4:10)도 마실 수 있었다. 그 순간 하늘에서 음성이 들렸다.

나는 네 아버지 아브라함의 하나님이니 두려워하지 말라 내 종 아브라함을 위하여 내가 너와 함께 있어 네게 복을 주어 네 자손이 번성하게 하리라
○창세기 26장 24절

이삭이 우물 밑바닥에서 만난 것은 아버지가 마셨던 생수만이 아니었다. 아버지를 인도하셨던 하나님을 만났다. 아브라함의 하나님이 이삭의 하나님이 되었다. 계속해서 이삭의 하나님이 야곱의 하나님이 되었고(창 28:13), 아브라함과 이삭과 야곱의 하나님은 모세의 하나님이 되었다(출 6:3).

이런 식으로 과거 조상의 하나님은 오늘을 사는 후손들의 하나님이 된다. 조상들을 인도하셨던 하나님과 오늘 우리를 인도하시는 하나님은 물

론 '같은' 분이다. 이미 죽은 조상의 하나님이 우리 안에 부활하여 우리를 살리신다. 그래서 영원히 살아 계신 하나님은 '산 자'의 하나님이 되신다(마 22:32). 이삭은 아버지의 우물에서 그런 하나님을 만난 것이다. 이삭이 복원한 우물의 의미가 실로 깊다.

역사 공부도 우물 복원 작업과 같다. 흔적조차 찾아볼 수 없게 변한 현장에서 과거를 찾아내는 작업이 쉽지는 않다. 조상들이 땀 흘려 수고한 흔적을 찾아내고 거기서 조상들이 드렸던 기도와 탄식, 조상들이 느꼈던 감격과 감동에 동참할 수 있는 것은 역사를 공부하는 사람만이 누릴 수 있는 은총이다. 그리고 마침내 역사의 주인공들이 만났던 하나님을 나도 만나게 된다. 과거 이 땅에서 우리 신앙 선배들을 인도하셨던 하나님께서 오늘을 사는 나와 함께하신다는 사실에 전율을 느끼곤 한다. 그래서 요즘 혼자서 기도할 땐 이렇게 시작한다.

"백홍준의 하나님, 신석구의 하나님, 주기철의 하나님, 그리고 나의 어머니 윤태신의 하나님……"

이 책을 쓰면서 궁극적으로 기대한 것은 조상들의 하나님을 만나는 것이었다. 과거의 하나님을 오늘의 하나님으로 모시는 일이다. 특히 한국 초대교회사를 아름답게 장식했던 신앙 선배들의 하나님을 다시 만나 그분의 인도하심을 받을 때 오늘의 나와 한국 교회가 처한 신앙 위기를 극복할 수 있을 것이다. 여기서 자랑스러운 과거 역사가 오늘 현실에서 '부활'할 수 있을 것이라는 희망을 읽었다.

결국 이 책에 실린 모든 글은 글을 쓰는 나 자신을 향한 경고이자 채찍이었고 훈계이자 격려이다. 이 글을 쓰는 내내 위대했던 조상들을 만나는 감동과 함께 가슴 아픈 고통을 느낀 것도 당연하였다. 행여 이 글을 읽는 이들 가운데 내가 글을 쓰면서 느꼈던 아픔과 감동에 동감할 수 있는 독자가 있다면 더 바랄 것이 없겠다.

책을 내며 감사할 이유

본래 이 책에 실린 글들은 감리교단의 기관지 〈기독교세계〉에 2002년부터 2년 동안 연재했던 것인데 홍성사 편집부에서 단행본으로 내겠다는 의사를 밝혀 와 책으로 출간하게 되었다.

〈기독교세계〉에 연재를 시작할 때 평신도와 청년들을 겨냥해서 쓴 것이기 때문에 학술적인 규명이나 논증보다는 기독교인이면 누구나 이해할 수 있도록 평이하고 이해하기 쉽게 쓰려 노력하였다. 그래서 한국 초대교회사에 등장하는 인물과 사건 중에서, 역사적으로 신앙적으로 의미가 있는 것들을 선정하여 '이야기'(episode) 형태로 꾸몄다.

〈기독교세계〉에는 25개 이야기를 선정해서 연재했는데, 이번에 책으로 엮으면서 8개를 추가하여 모두 33개 이야기가 되었다. 일부러 의도한 것은 아니지만 결과적으로 3·1운동 민족대표 33인과 같은 숫자가 되었다. 이루어질지는 모르겠으나, 이 책의 후속편이 나온다면 그 내용은 '일제시대 한국 교회 수난사'가 될 터인데 그 한복판에 있는 3·1운동이 그 핵심내용이 될 것이다.

이 책에 담긴 33개 이야기만으로는 한국 교회사를 연대기적으로, 또한 각 교파 교회사를 망라하고 각 분야 교회사를 종합적으로 살펴볼 수 없음은 물론이다. 그런 의도는 처음부터 없었다.

다만 앞서 밝힌 대로 한국 교회의 '처음 사랑'과 '처음 행위'를 찾아보려는 신앙적 동기에서 초대 교인들의 신앙과 신학, 의식과 정신을 살펴볼 수 있는 사건과 인물을 선정하였다. 그러다 보니 부정적이고 비판적인 내용보다는 긍정적인 이야기들만 골랐다. 세계 교회사의 초대교회사 부분도 그러하지만 한국에서도 중세(일제시대)나 현대(해방 후) 교회사에 나타나는 부정적이고 부끄러운 부분이 그래도 초대교회사에는 별로 없었던 것이 이유이다.

또한 최근의 역사 청산을 주제로 한 논쟁에서 한국 교회사 전체를 수치와 훼절(毁節)의 역사로 매도하려는 일부 논쟁자들의 편견적 선입견에 동의할 수 없다는 학문적 동기도 크게 작용하였다. 긍정과 부정 사이의 균형 감각이 아쉬운 대목이다. 우리에게 부끄러운 역사도 있지만 아름다운 역사도 있다. 수치의 역사에 대해서는 철저한 반성이 필요하지만 아름다운 역사는 계승 발전해야 한다. 부정과 함께 긍정을 보아야 한다.

단편적이고 제한된 자료를 가지고 이야기를 만들어 가는 과정에서 일정 부분 나의 '상상력'과 '자의적' 해석이 반영되었음을 고백하지 않을 수 없다. 특히 초대교회 사료는 거의 전적으로 선교사 자료에 의존할 수밖에 없는데 선교사 자료는 토착 교인들의 이름이나 생각, 사건 내용에 대해 우리가 원하는 만큼의 충분한 정보를 담고 있지 못하다. 그러다 보니 선교사가 남긴 '조각' 정보를 갖고 당시 상황과 환경 속에서 이루어졌을 사건을 그려볼 수밖에 없었다. 자료가 담고 있는 기본 내용을 넘지 않기 위해 최대한 노력하였으나 내 상상력의 결과로 과장이나 왜곡이 담겼을 가능성이 있음을 염두에 두고 이 책을 읽어야 할 것이다. 하긴 성경도 그렇고 교회사도 알고 보면 처음엔 '입에서 입으로'(mouth to mouth), '이야기에서 이야기로'(story to story) 전승되었던 게 아니던가?

그렇게 선정한 33개 이야기를 시기와 주제별로 구분하여 1) 토착 교인들의 복음 수용 2) 외국인 선교사 활동 3) 초대교회와 사회 변동 4) 복음의 토착화 5) 초기 부흥운동 6) 기독교 민족운동 7) 토착 교회의 해외 선교 등 일곱 개 분야로 나누었다. 완벽하지는 않지만 한국의 초대교회사를 이해하는 데 나름대로 기본 골격을 갖춘 셈이다.

그러나 내가 접할 수 있는 자료의 한계로, 또한 나의 주관적인 판단과 해석 때문에 글의 내용이나 성격이 보기에 따라 어느 한쪽으로 기울어진 느낌을 받을 수도 있을 것이다. 나와 다른 시각에서, 다른 이야기를 소재로 한 책이 나와서 이 책의 한계를 보완해 주기를 기대한다.

이처럼 부족하고 한계가 많은 글을 2년 동안 연재할 수 있도록 지면을 할애해 준 〈기독교세계〉에 감사드린다. 선뜻 책으로 엮어 펴내 주기로 결정한 홍성사 정애주 사장님과 이현주 편집장님, 그리고 편집을 위해 수고하신 한수경 님에게도 감사드린다.

이 책에 실린 이야기들에 관한 정보와 자료는 전적으로 이천 한국기독교역사박물관(관장 한영제 장로) 소장 자료에서 찾았음을 밝힌다. 기독교문사 시절부터 한영제 장로님과 함께했던 지난 27년 세월은 내게 축복이고 은총이었다.

또한 부족한 동생에게 "최선을 다하되 겸손을 잃지 말라"는 뜻으로 '만보'(卍甫)라는 호를 지어 보내 주신 현주 형님과 정희 누님, 그리고 하늘나라에 계신 어머님의 기도 덕분에 오늘 이나마 살고 있다는 생각에서 머리가 숙여질 뿐이다. 이 책에 수록된 초대교회 사건의 현장을 찾을 때마다 나를 차에 태워 데려다 준 아내에게도 고마운 마음뿐이다.

　감사밖에 없다. 이 모든 분들에게 내가 배운 것은 지나온 삶에 오직 감사할 것밖에 없다는 사실이다.

여호와께 감사하라 그는 선하시며 그 인자하심이 영원함이로다 ○ 시편 136편 1절

2006년 사순절이 시작되는 성회수요일에
냉천골 감신대 만보재(卍甫齋)에서

이덕주

I. 복음이 처음 들어온 이야기

첫 번째 이야기
열린 문, 고려문

태초에 말씀이 계시니라 이 말씀이 하나님과 함께 계셨으니 이 말씀은 곧 하나님이시니라 ○요한복음 1장 1절

이 말씀으로 그리스도와 기독교 이야기는 시작된다. 말씀의 기록이 성경이다. 성경은 그리스도를 증언하고 그리스도는 성경을 완성하셨다. 기독교 역사를 성경과 떼어 놓고 생각할 수 없다. 성경이 새로운 언어로 번역될 때마다 세상이 바뀌었다. 성경이 히브리어에서 헬라어로 번역되면서 그리스-로마시대가 열렸고 그 성경이 라틴어로 옮겨지면서 중세가 시작되었다. 그리고 성경이 라틴어에서 영어와 불어, 독일어 등으로 옮겨지면서 종교개혁의 시대가 열렸다.

성경이 다른 언어로 옮겨질 때마다 그 언어의 민족 안에 '대변혁'의 역사가 일어났다. 그것은 우리 민족에게도 마찬가지였다. 무엇보다 성경은 우리나라에서 선교의 문을 여는 열쇠였다.

닫힌 문

개신교 선교사로 우리나라에 처음 온 사람은 독일 출신의 귀츨라프(K. Gützlaff) 목사다. 그는 1832년(순조 32년) 7월에 들어와 서해안 고대도(古代島)에 상륙하여 한 달간 머물면서 그곳 선비의 도움을 받아 주기도문을 우리말로 번역하고, 감자 심는 법과 포도주 만드는 법을 그곳 거주민들에게 가르쳐 주고 떠났다.

그런데 그는 동인도회사 소속 로드암허스트 호를 타고 왔다. 동인도회사 하면 19세기 아시아인들의 자존심에 깊은 상처를 준 아편전쟁이 떠오른다. 아시아에서 자행된 '대영제국'의 정치·경제적 침략의 현장엔 동인도회사가 있었고, 그 회사 소속 선박에 길 안내 겸 통역으로 동승한 선교사들의 모습도 종종 보였다. 조선과 교역을 터 볼 요량으로 서해안에 나타난 로드암허스트 호에 동승한 귀츨라프의 역할도 그런 것이었다. 그러나 교역 요구에 대한 조선 정부의 거절로 로드암허스트 호가 떠나면서 귀츨라프의 역할도 끝났다. 중국 개척 선교사 모리슨(R. Morrison)이 번역한 한문 성경을 뿌릴 기회도 얻지 못했다.

다음으로 1866년(고종 3년) 8월, 영국인 토머스(R. J. Thomas) 목사가 대동강을 거슬러 평양에 나타났다. 그가 타고 온 배는 미국 프레스턴 무역회사 소속 제너럴셔먼 호였고 그 역시 그 배의 길 안내 겸 통역이었다. 그러나 남의 땅 깊숙한 곳까지 들어온 미국 배는 안하무인격으로 평양 사람들의 인내심을 자극했고 결과적으로 쌍방간에 무력 충돌이 빚어져 배에 타고 있던 승무원들이 모두 희생되었다. 토머스도 그때 조선 사람들에게 전도하다가 장렬하게 '순교'하는 장면을 연출했다는 이야기가 전해 내려

온다. 제너럴셔먼 호가 불타는 것으로 토머스의 역할도 끝났다. 중국 선교사 윌리엄슨(A. Williamson)이 마련해 준 한 상자 분량의 한문 성경도 대부분 불타 없어졌다.

귀츨라프나 토머스의 선교 시도가 실패로 끝났음에 아쉬움이 없는 것은 아니다. 이 두 사람에게 미지의 나라 조선에 복음을 전하려는 순수한 선교적 동기가 있었음은 물론이다. 이들에게 조선 여행은 순교를 각오한 여행이었고 토머스는 실제로 그 길을 갔다. 이들의 선교가 성공했더라면 한국 개신교 역사는 그만큼 빨라졌을 것이다.

그럼에도 그들의 선교 시도가 실패로 끝난 것이 아쉽지만은 않다. 그것은 그들이 타고 온 배의 성격 때문이다. 귀츨라프를 태워 온 로드암허스트 호나 토머스가 타고 온 제너럴셔먼 호나 아시아인들에겐 달갑지 않은 '이양선'(異樣船)이었다. 정치·경제적 침략의 선봉에 섰던 이양선으로 조선인의 마음을 열기는 어려웠다.

이같이 '서세동점'(西勢東漸) 과정에서 연출된 선교사들의 조선 접근이 성공했더라면 한국 개신교 역사와 그로 인해 형성된 기독교의 성격은 크게 달라졌을 것이다. 그것은 서구 제국주의 국가들의 식민지 확장 과정에서 기독교 선교가 이루어진 동남아시아와 중남미 국가 교회들이 처한 오늘의 형편을 보면 잘 드러난다. 힘에 밀려 항구를 개방하고 상인과 군인을 받아들인 나라들은 하나같이 긴 인고의 세월을 겪어야 했다. 그런 침략에 길 안내자로 동원되었던 선교사들에 의해 해석된 기독교 복음은 언제나 강자의 복음이었다. 그런 복음은 출세 지향적이고 자본주의적인 기독교인을 배출하는 데는 효과가 있지만 약자를 위한 사랑의 봉사자를 길러내는 데는 한계가 있다. 힘으로 여인의 몸을 정복할 수는 있어도 그 마음은 얻을 수 없듯, 무력으로 항구는 열 수 있어도 그 땅 사람들의 마음 문은 열 수 없다. 돈과 힘을 앞세운 선교의 결과는 늘 그러하다.

고려문

토머스의 선교가 실패로 끝난 8년 후, 1874년 만주에서 활동하던 스코틀랜드연합장로교 선교사 로스(J. Ross)가 '고려문'(高麗門)을 방문하였다. 고려문은 봉천(지금의 심양) 아래 봉황성 근처에 있는 조그만 마을 이름인데 이곳에서 조선·중국 상인들의 무역이 이루어지고 있었다.

로스는 이곳에서 조선인들을 처음 만나 전도하였다. 의주에서 건너온 상인들이었다. 그러나 장사꾼들의 관심은 로스가 전하는 말보다는 그가 입고 있는 양복 옷감에 있었다. 그래서 로스는 방법을 바꾸었다. 상인들의 환심을 살 수 있는 '양초'를 한 자루씩 주면서 한문 성경책도 함께 나눠 주었다. 그리고 조선말을 배워 성경을 한글로 번역하기로 결심하고 선생을 찾았다. 그리하여 1876년 두 번째 고려문 방문 길에 조선어 선생 이응찬(李應贊)을 만날 수 있었다.

이응찬은 원래 압록강을 건너다니며 장사를 하던 의주 사람이었다. 그런데 한번은 인삼을 사서 압록강을 건너다가 배가 뒤집히는 바람에 전 재산을 날려 버렸다. 빈털터리가 된 이응찬이 만주 땅에서 하릴없이 시간을 보내던 중, 로스의 중국인 조수를 통해 로스를 소개받았다. 이응찬은 '밤중에' 로스를 찾아가 만났고 '기독교를 강요하지 않는다'는 조건하에 로스의 제안을 받아들이기로 했다. 그때부터 로스는 이응찬에게 우리말을 배웠다. 그리고 불과 1년 만에 영어로 조선어 문법책을 저술할 만큼 발전을 보였다.

어느 정도 우리말을 할 수 있게 된 로스는 성경을 번역하는 일에 착수했다. 이응찬도 계속해서 '돈을 받고' 성경번역에 참여하였다. 2년 후인 1879년, 4복음서와 사도행전의 번역 초고가 완성되었다. 로스는 이 원고를 들고 본국으로 들어가 인쇄기 모금운동을 벌였다.

그 사이 로스의 매제인 매킨타이어(J. McIntyre)가 로스 대신 일을 맡아보았다. 그때 의주에서 백홍준이라는 20대 청년이 그를 찾아와 세례를 받고 돌아갔다. 그는 3년 전 로스가 나눠 준 양초와 한문 성경을 가져갔던 의주 상인의 아들이었다. 종교에 관심이 많았던 백홍준은 아버지가 갖고 온 한문 성경을 읽으면서 혼자 공부했다. 그리고 마침내 그 속에서 진리를 발견하고 마음에 결심을 한 후, 세례를 받기 위해 압록강을 건넜던 것이다. 백홍준의 세례에 자극을 받은 이응찬이 결심을 하고 세례를 받겠다고 했다. 선교사를 만난 지 3년만이었다. 같은 해 두 사람이 더 세례를 받았다. 이들은 한국 개신교 최초의 세례자들이 되었다.

열린 문

이렇게 만주에서 개종자들이 나오는 것과 때를 같이하여 로스와 매킨타이어·이응찬·김진기·최성균·이성하·이익세·서상륜·김청송 등 의주 출신들이 번역한 한글 쪽복음들이 인쇄되어 나오기 시작했다. 1882년 봉천에서 요한복음과 누가복음이 처음으로 인쇄되어 나왔다.

그해, 조선은 미국과 통상조약을 맺었다. 그 소식을 들은 로스는 이런 말을 남겼다.

> 최초 한글 성서 발행이 조미조약 체결과 거의 동시에 이루어졌다는 것은 하나님의 섭리다. 완고한 '고려문'이 '열린 문'이 되면 곧바로 복음이 이 민족 안으로 들어갈 것이다. (《United Presbyterian Missionary Record》, Nov.1, 1882, 333쪽.)

그리고 예언대로 되었다. 만주에서 인쇄된 성경들은 백홍준·서상륜·최성균 같은 매서인을 통해 국내로 유입되었다. 고려문을 통해 들어온 성경은 '불온문서'(?)처럼 유통되며 '새로운 도'에 관심을 갖는 사람들 사이에서 은밀하게 읽혔다. 그 결과 의주와 소래, 서울에서 백여 명에 가까운 개종자들이 세례를 받겠다는 의사를 밝혔다. 이처럼 세례 지원자들이 기다리고 있는 상황에서 선교사들이 들어오게 되었으니 서세동점의 폭력에 굳게 닫혔던 문을 연 것은 다름 아닌 성경이었다. 닫힌 문을 말씀으로 여는 것, 그것은 사도 바울의 한결같은 기도 제목이었다.

하나님이 전도할 문을 우리에게 열어 주사 그리스도의 비밀을 말하게 하시기를 구하라 ○골로새서 4장 3절

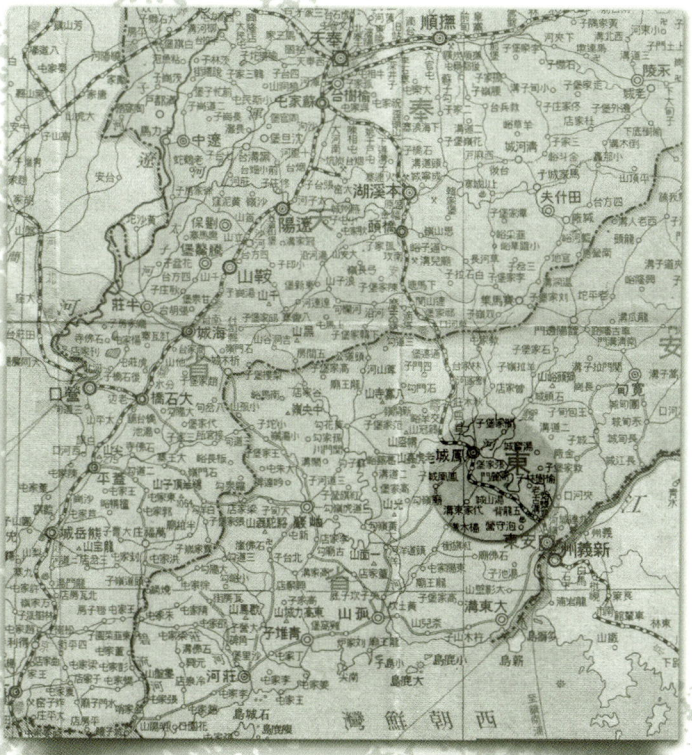

◐ 고려문 지도
"완고한 고려문이 열린 문이 되면 곧바로 복음이 이 민족 안으로 들어갈 것이다." – 존 로스

두 번째 이야기

바늘 눈인가, 바늘귀인가

> 홀연히 하늘로부터 급하고 강한 바람 같은 소리가 있어 그들이 앉은 온 집에 가득하며 마치 불의 혀처럼 갈라지는 것들이 그들에게 보여 각 사람 위에 하나씩 임하여 있더니 그들이 다 성령의 충만함을 받고 성령이 말하게 하심을 따라 다른 언어들로 말하기를 시작하니라 ○사도행전 2장 2-4절

오순절, 예루살렘의 한 작은 다락방에서 일어난 사건이다. 기독교 역사는 이 사건으로 시작한다. 그런데 교회의 출발을 알리는 오순절 성령강림 사건은 제자들의 '방언'(方言) 현상으로 나타났다. 유대 출신으로 유대말밖에 모르던 제자들의 입에서 온갖 이방인들의 언어가 튀어나왔다. 그 결과 유대말을 몰랐던 이방인들도 그리스도의 복음을 듣고 이해하게 되었다. 이처럼 방언은 서로 이질적인 언어 문화를 가진 이들을 연결하는 통역이었고 번역이었다.

이후 기독교 신앙과 역사는 이런 '방언'의 역사로 전개되었다. 한 나라

에서 다른 나라로, 한 민족에서 다른 민족으로 복음이 전파될 때마다 통역과 번역의 사건이 일어났다. 그런 의미에서 1882년 3월 24일, 만주 심양(봉천)에서 인쇄된《예수셩교 누가복음젼서》는 최초의 한글 성경이라는 연대기적 가치 이상의 의미를 지니고 있다. 성경의 한글 번역은 하나님께서 우리말로 말씀하시기 시작한 말씀 '방언화'(方言化)의 시작이자 기독교가 우리 문화 속에 뿌리를 내리는 복음 '토착화'(土着化, indigenization)의 출발이기 때문이다.

사투리 성경

성경을 한글로 옮기는 작업은 선교사와 조선인들의 합동작업이었다. 선교사는 헬라어 성경과 영어 성경을 대본으로 하였고, 조선인들은 한문 성경을 대본으로 하여 한 절씩 번역해 나갔다. 로스에게 처음 한글을 가르쳐 준 이응찬을 비롯하여 김진기·이성하·최성균 등 성경번역에 참여한 조선인들이 하나같이 평안도 의주 출신이었다. 그러니 번역된 성경 본문이 평안도 사투리 일색일 것은 당연하였다. 예를 들면 이런 식이다.

> 당시여예수 셩신으로써희락하여갈으되아반이텬디의쥬 내아반이를칭찬하더니이일을즐거운쟈와통달한쟈의게는감추고젹쟈의게낫타내엿스니션한디라아반이이갓트면아반이의깃버하넌바니이다 ○누가복음 10장 21절

백 년 전 말이라 읽기가 쉽지 않다. '아반이'(아버지), '오만이'(어머니),

'턴디'(천지), '선한디라'(선한지라) 등 평안도 사투리도 어색하다. 그러나 의주 출신 번역자들에겐 '평안도 말'이 표준어였다. 그들은 고향 말을 자랑스럽게 여겼다. 예수님도 결정적인 순간에는 "달리다굼"(막 5:41), "에바다"(막 7:34)같이 고향 사투리(아람어)가 튀어나오지 않았던가?

그리고 장사꾼 출신 번역자들은 일상적으로 쓰는 평범한 말 가운데서 성경 어휘를 찾았다.

> 누룩금하년날이오니넘년절양잡넌때라예수 피들요안내를보내여갈으되 너의가넘넌절연석을예비하여우리를먹게하라하니 ○누가복음 22장 7-8절

훗날 한문을 좋아하는 유식한(?) 번역자들이 '무교절'(無酵節), '유월절'(踰越節)로 번역하여 성경을 처음 읽는 사람들에겐 무슨 뜻인지 모르게 만들어 놓은 것에 비하면 '누룩을 금하는 날'(Unleavened Day), '넘는 절'(Passover)은 훨씬 쉽게 다가온다. 그들은 쉬운 단어를 골랐다. 다만 우리말에는 없는 용어, 예를 들어 '피들'(Peter), '요안내'(John), '다빗'(David) 같은 고유명사는 외국 발음 그대로 표기하였다. 외래어와 우리말의 조합 형태로 만든 것도 있는데 '안식일'(安息日, Sabbath)을 '사밧일', '세례'(洗禮, Baptism)를 '밥팀네'로 표기한 것이 그런 경우다.

이렇게 하여 우리 언어 전통에 없던 '기독교' 용어들이 우리말로 표기되면서 그 행위와 의미가 우리 종교 문화 속에 침투해 들어왔다.

직역이냐 의역이냐

이처럼 성경번역 과정에서 외국어와 우리말, 서로 다른 언어가 만났다. 둘 사이에 통하는 부분도 있었으나 막히는 부분도 많았다. 그때마다 선교사와 조선인 번역자 사이에 토론과 논쟁이 빚어졌다.

누가복음 18장 25절을 번역할 때 일이다. "낙타가 바늘귀로 들어가는 것이 부자가 하나님의 나라에 들어가는 것보다 쉬우니라"는 구절이 나오는데 문제는 '바늘귀'라는 단어였다. 선교사들이 대본으로 삼고 있는 영어 성경에는 'eye of needle'로 되어 있었다. 흠정역(King James Version) 성경에 절대적인 권위를 두고 있던 선교사들은 축자 번역을 고수했다. 영어 단어 하나에 해당하는 한글 단어를 찾아 직역하였다. 그런 식으로 번역하면 'eye'는 곧 '눈'[眼]이다. 그래서 선교사는 '바늘 눈'이라 했다. 그러자 조선인들이 고개를 갸우뚱했다. "낙타가 바늘 눈으로 들어간다?" 뜻이 통하지 않았다. 그러자 선교사가 바늘에 뚫린 구멍을 그렸다. 그러자 조선인들은 무릎을 치면서 "바늘귀!" 하였다. '바늘귀'를 영어로 직역하니까 'ear of needle'이 되었다. 그러자 이번엔 선교사들이 고개를 흔들었다.

그때부터 '바늘 눈'을 주장하는 선교사와 '바늘귀'를 주장하는 조선인 사이에 논쟁이 벌어졌다. 헬라어 성경의 '트레마'(τρημα)나 한문 성경의 '침공'(針孔)처럼 '바늘구멍'이라고 해도 뜻이 통하지 않기는 마찬가지였다. 결국 긴 논쟁 끝에 한글 성경은 조선인들이 이해하기 쉽게 번역되어야 한다는 '의미 상통'(意味相通) 번역 원칙이 축자적 직역 원칙을 눌렀다. 그리하여 완성된 본문은 이렇다.

예수 보고갈의되자물잇넌쟈하느님의 나라에나아가미얼어운디라약대
바늘귀어나가미부쟈하느님의 나라에나아가넌것보담오이러쉽다하니

'바늘 눈'에 대한 '바늘귀'의 승리는 번역의 주도권이 외국 선교사보다 조선인에게 있었음을 보여 준다. 그런 증거는 수없이 많다.

우리말로 말씀하시는 하나님

눈이 예리한 독자는 이미 여러 차례 인용한 《예수셩교 누가복음젼서》 본문에서 띄어쓰기 원칙이 지금과는 전혀 다름을 알아차렸을 것이다. 초기 한글 성경에는 현재와 같은 한글 맞춤법 띄어쓰기가 전혀 되어 있지 않다. 내려쓰기로 되어 있는 본문에 띄어쓰기는 전혀 없다고 봐야 한다. 그런데 유독 어떤 특정 단어들이 나올 경우엔 그 단어 아래로 한 칸씩 띄어쓰고 있음을 발견하게 된다.

예수 뭇사람의게닐너갈으되사람이엇디키리스토를 다빗의자손이라하
너냐시편에다빗이스스로말이쥬 나의쥬게 닐으되나의우컨에안저나의
원슈로네반등되기를기다리라하니다빗이키리스토를 쥬라 칭한즉엇디
그자손이되랴하고 ○누가복음 20장 41-44절

'하느님', '텬부', '예수', '쥬', '키리스토'(그리스도)라는 단어만 나오면 예외 없이 한 칸씩 띄어쓰고 있다. 이 같은 표기법을 '대두법'(擡頭法)이라

선교사들과 조선인들 사이에 번역의 논쟁이 되었던 누가복음 18장 본문한다. 서양 문화권에서는 찾아볼 수 없는, 동양 문화권에서만 볼 수 있는 독특한 표기법이다. 전통적으로 띄어쓰기가 없는 중국이나 우리나라 옛 문헌에서 본문 중에 특별한 의미를 지닌 단어, 예를 들어 황제나 왕을 지칭하는 단어가 나올 경우엔 단어 앞 혹은 뒤로 몇 칸씩 띄어쓰거나 아예 줄을 바꾸어 새로 시작하였다. 그런 단어는 한눈에 들어왔다. 이는 단어가 지칭하는 대상에 최상의 경의를 표하는 동양의 예법이었다.

성경 번역자들은 이런 대두법을 채용하여 왕이나 황제 대신 '하느님', '예수', '그리스도'에 적용했다. 예배와 존경의 대상이 바뀐 것이다. 이런 대두법은 선교사들이 들여온 문화가 아닌 것이 분명하고, 그런 점에서 초기 한글 성경번역 과정에서 조선인 번역자들이 주도적인 역할을 했음을 확인할 수 있다.

이런 식으로 기독교는 우리 문화 속에 뿌리내리기 시작했다. 복음의 토착화는 이미 이때부터 시작되었다. 그런 의미에서 성경의 한글 번역은 우리 민족과 문화 속으로 들어오시는 말씀의 성육화 사건이었다. 이스라엘 민족에게 '야훼'로 계시되었고 헬라인들에게 '데오스'(θεος)로, 영국인들에게 '갓'(God)으로, 중국인들에게 '샹티'(上帝)로 계시되었던 성경의 그분이 우리 민족에게 '하나님'(혹은 하느님)으로 나타나셔서 말씀하시기 시작하셨다. '하나님께서 우리말로 말씀하시기 시작하시니' 우리 민족은 우리말로 하나님의 말씀을 듣기 시작했다. 오순절에 예루살렘을 찾았던 이방인들이 각자 자기 말로 하나님 말씀을 들었던 것과 마찬가지로.

우리가 다 우리의 각 언어로 하나님의 큰 일을 말함을 듣는도다 ○사도행전 2장 11절

세 번째 이야기
조선의 마게도냐인

> 밤에 환상이 바울에게 보이니 마게도냐 사람 하나가 서서 그에게 청하여 이르되 마게도냐로 건너와서 우리를 도우라 하거늘 ○사도행전 16장 9절

 살다 보면 '세상일'이 마음먹은 대로 되지 않아 속상할 때가 많다. 그럴 때 신앙인들은 자기 생각과 다른 '하늘의 뜻'을 헤아릴 줄 알아야 한다.
 2차 전도여행에 오른 사도 바울도 그랬다. 처음 생각은 1차 전도여행 지였던 아시아 지방을 돌면서 뿌려진 복음의 결과가 어떠한지 둘러보려고 했다. 그러나 그는 가는 곳마다 실패했다. "애쓰되 예수의 영이 허락하지"(행 16:7) 않기 때문이었다. 결국 바닷가 드로아까지 밀려갔고, 그곳에서 자기에게로 "건너와 도와 달라"는 마게도냐 사람을 꿈속에서 만났다. 그제야 하늘의 뜻을 깨닫고 배를 타고 에게 해를 건넜다. 이로써 아시아로 한정되었던 복음 선교가 유럽으로 확산되었다.
 그리고 똑같은 방식으로 대서양을 건너 미국으로 전파된 복음이 역시

I. 복음이 처음 들어온 이야기

같은 방식으로 태평양을 건너 우리나라에 전파되었다.

뒤바뀐 유학 목적

만주에서 우리말 성경이 처음 인쇄되어 나올 무렵인 1882년 여름, 국내에선 임오군란이 일어났다. 대원군을 중심한 수구세력과 명성황후를 중심한 진보세력의 무력충돌로 발전된 이 사건 와중에 '명성황후의 목숨을 지키는 데 공헌한' 이수정(李樹庭)이란 양반이 있었다. 그는 사건이 정리된 후 고종의 후의(厚意)를 입어 일본 유학길에 올랐다.

처음엔 농학(農學)과 법률 등 '개화된 문명'을 공부하고 싶었다. 그래서 일본에 도착한 1882년 9월, 당시 일본의 대표적 농학자였던 츠다센(津田仙)을 만났다. 도쿄에 '농학사'(農學社)를 설립하고 일본 농업의 근대화 작업을 지휘하고 있던 츠다센은 유럽 유학 중 세례를 받고 돌아온 독실한 기독교인이었다.

이수정은 츠다센을 방문해 대화하던 중 거실에 걸려 있던 한문 족자에 눈길이 쏠렸다.

虛心者福矣 以天國乃其國也 哀慟者福矣 以其將受慰也 溫柔者福矣 以其將得土也 飢渴慕義者福矣 以其將得飽也 矜恤者福矣 以其將見矜恤也 淸心者福矣 以其將見上帝也 和平者福矣 以其將稱爲上帝子也 爲義而見窘逐者福矣 以天國乃其國也 (마음을 비운 자는 복이 있도다. 천국이 그의 나라가 될 것이니. 슬피 우는 자는 복이 있도다. 장차 위로를 받을 것이니. 온

유한 자는 복이 있도다. 장차 땅을 얻을 것이니……).

마태복음 5장에 나오는 '산상 팔복' 말씀이었다. 이수정은 지금까지 보아 왔던 동양의 고전 글귀와 다른 신선함을 느꼈다. 그들의 대화는 자연히 족자의 글 풀이로 옮겨졌고 츠다센은 이 호기심 많은 조선인에게 족자 글귀의 원전인 한문 성경을 선물로 주었다. 숙소로 돌아온 이수정은 '낯선 책'을 읽기 시작하였다. 성경 읽기에 몰두하던 어느 날 꿈을 꾸었는데, '낯선 사람' 둘이 책을 한 보따리씩 안고 그에게 다가왔다.

"그게 무엇이오?"

"당신 나라 조선에 가장 귀한 책이오."

"무슨 책이오?"

"성경이오."

'조선에 가장 귀한 책', 성경에 대한 외경스런 탐구가 계속되었다. 읽을수록 그 책에 빠져 들었다. 그리고 마침내 이수정은 믿기로 결심하고 1883년 4월 29일 도쿄 로게츠죠(露月町) 장로교회에서 미국 선교사 낙스(G. W. Knox)에게 세례를 받았다. 일본에서 이루어진 조선인 최초 개신교 세례였다.

세례 받은 직후, 이수정은 일본 주재 미국성서공회 총무 루미스(H. Loomis)의 지원을 받으며 성경을 우리말로 옮기는 일을 시작하였다. 그리하여 1884년, 한문 성경에 이두(吏讀) 토를 단 4복음서와 사도행전을 요코하마에서 인쇄하였고, 이듬해 1885년 2월에는 순한글본《신약전서 마가복음서언해》를 인쇄했다.

'조선의 마게도냐인'의 호소

이수정의 꿈은 조선도 기독교를 받아들여 일본처럼 개화되는 것이었다. 그는 성경을 번역하면서 동시에 일본에서 활동하고 있던 미국인 선교사들을 통해 미국 교회에 "조선에 선교사를 보내 달라"는 편지를 썼다. 그 편지는 미국에서 발행되는 선교 잡지 〈The Gospel in All Lands〉에 실렸다.

> 예수 그리스도의 종 된 나 이수정은 미국에 있는 형제자매님들에게 문안합니다. 믿음과 진리의 능력으로 주님의 크신 은총을 입은 제가 지금 누리고 있는 행복은 한이 없습니다. 여러분의 기도와 도움으로 우리는 사탄에 넘어가지 않고 믿음을 굳게 지킬 수 있게 되었으니 찬양과 영광을 주님께 드리는 바입니다.

그의 편지는 서두부터 바울의 편지 같다(롬 1:1). 바울이 자기 동족의 구원을 향한 열정에 사로잡혀 있었듯(롬 11장) 그의 편지도 동족의 구원에 대한 열정으로 가득 차 있었다.

> 아직도 수천만 우리 민족은 하나님의 참된 도를 모른 채 이방인처럼 살고 있습니다. 아직도 그들은 주님의 구속하시는 은총을 받지 못하고 있습니다. 복음이 퍼져 나가는 오늘과 같은 시대에 우리나라는 불행하게도 지구 한쪽 구석에 박혀 있어 기독교가 주는 축복을 누리지 못하고 있습니다. 그래서 저는 성경을 한글로 옮기는 일을 하고 있는데 이것을 통해 복음이 확산되기를 바라기 때문입니다. 이 일이 잘 되도록 저는 밤낮으

로 기도하고 있습니다.

그가 성경을 번역한 것도 '민족 구원'을 위함이었다. 그러나 이보다 더 확실하고 효과 있는 방법은 선교사가 직접 와서 선교하는 것이었다. 이수정은 이 일을 위해 남은 생을 바칠 각오가 되어 있었다.

저는 비록 영향력이 없는 사람이지만 여러분이 선교사들을 파송만 해 준다면 최선을 다해 돕겠습니다. 간곡하게 바라는 바는 지금 당장이라도 몇 명을 이곳 일본에 보내 여기서 일하고 있는 이들과 협의하면서 사업 준비를 하도록 해 주십사 하는 것입니다. 제 생각에는 이것이야말로 가장 안전하고도 적절한 방법입니다. 제가 드린 말씀을 진지하게 검토해 주시기를 간절하게 빌고 원합니다. 그렇게만 된다면 제 기쁨은 한이 없겠습니다. 그리스도의 종, 이수정 드림.

이 편지 덕분에 이수정은 '조선의 마게도냐인'(Macedonian of Korea)이라는 별명을 얻게 되었다. 그리고 그의 소원대로 편지가 서방에 전달된 1년 후 미국 교회는 조선 선교를 결심하였다. 장로교의 언더우드(H. G. Underwood), 감리교의 아펜젤러(H. G. Appenzeller)와 스크랜턴(Scranton) 가족 등 조선 선교 개척단이 조선으로 가기 위해 1885년 2월 일본에 들렀을 때, 이수정은 그들에게 우리말과 문화를 가르쳐 주었다. 그리고 그 중 선발대로 아펜젤러와 언더우드가 1885년 4월 5일 부활주일에 인천에 상륙했는데, 이수정의 꿈에 나타났던 '낯선 두 사람'처럼 그들은 '조선에 가장 귀한 책'을 한 보따리씩 갖고 들어왔다. 바로 이수정이 번역한 한글 쪽복음인 마가복음이었다.

　바울의 꿈속에 나타난 마게도냐인처럼, 이수정은 서구 교회의 선교 뱃길을 아시아의 마지막 은둔국 조선으로 돌렸다. 그 결과 미국 교회는 조선에 관심을 갖고 선교사를 보내기 위해 노력하였다. 꿈을 꾼 후 바울과 누가 일행이 에게 해를 건너기로 결심한 것과 같다.

우리가 곧 마게도냐로 떠나기를 힘쓰니 이는 하나님이 저 사람들에게 복음을 전하라고 우리를 부르신 줄로 인정함이러라 ○사도행전 16장 10절

Appeal of Corea.
BY MARIA WOOSTER.

"Rijutei, the converted Corean nobleman, has sent to American Christians an earnest appeal for missionaries." Is this appeal to be disregarded? Why do not Christians respond with promptness and energy? Why do they not offer themselves and their money to save Corea? *All* can do *something*. Everybody can pray and talk. There are few who can do nothing, and many who could give much if they would. All cannot be foreign missionaries, but enough could go at once to Corea to establish a school in each one of her towns as soon as the language could be learned.

I cannot understand the apathy of Christians. I am surprised that offers of help do not pour in upon all missionary societies. The very sight of one man who stands with the burden of his country's salvation upon his heart and calls to the world for help ought to arouse every one who knows the meaning of Christian love.

Corea, with a Corean to direct her missionary work, is especially inviting as a missionary field. A native can do for his country what no foreigner can do. With Rijutei to advise them, missionaries to Corea might hope for quick results. It seems to me that if missionaries are not sent to Corea it is because there is not enough of the love of Christ in the churches to send them. There *can* be no other reason. There is no lack of means, there *are* no unusual obstacles. There *are* special inducements. I will do what I can.

Manton, Mich., March 25, 1884.

🌿 이수정의 선교 요청 서한에 대한 미국 선교사 잡지 기사
　　편지가 서방에 전달된 지 1년 후 미국 교회는 조선 선교를 결심하게 되었다.

네 번째 이야기
너희는 나를 누구라 하느냐

> 이르시되 사람들이 인자를 누구라 하느냐 이르되 더러는 세례 요한 더러는 엘리야 어떤 이는 예레미야나 선지자 중의 하나라 하나이다 이르시되 너희는 **나를 누구라 하느냐** ○마태복음 16장 13-15절

그리스도의 질문 핵심은 '주체적' 신앙고백에 있다.

"남들이 뭐라 하든, 그게 중요한 것이 아니다. 너희는 나를 누구라 하느냐?"

앵무새처럼 남의 설교, 남의 신학을 따라만 하지 말고 자신의 체험이 담긴 신앙고백을 바탕으로 자신 있게 주장을 펴라는 말씀이다. 신학을 하든 목회를 하든 주체성을 갖고 하라는 말씀이다. 헬라인이 헬라식으로, 유럽인이 유럽식으로 하였듯 아시아인은 아시아식으로 신앙을 이해하고 진술해야 한다.

한국인 최초의 신앙고백문

'조선의 마게도냐인'으로 불렸던 이수정은 세례 받은 지 보름 만인 1883년 5월 8일, 요코하마에서 개최된 제3회 일본 기독교도 친목대회에 초대받았다. 이 모임엔 그를 기독교 신앙으로 이끌었던 츠다센을 비롯하여 우치무라 간조(內村監三), 니지마 조(新島襄), 우에무라 마사히사(植村正久), 에비나 단조(海老名彈正) 등 일본 교계 지도자 40여 명이 참석하였는데 그 열기가 대단하였다. 일본 부흥운동의 기원으로 기록되는 이 모임에 '새내기' 교인 이수정은 한복 두루마기에 정자관을 쓰고 참석하여 우리말로 회중기도를 하였다. 그는 일본 기독교계의 '귀빈'이었다.

당시 일본 기독교계 대표적인 간행물이던 〈육합잡지〉(六合雜誌)나 〈칠일잡보〉(七一雜報) 등은 이수정의 행적을 소상하게 보도하였을 뿐 아니라 그가 발표한 '신앙고백서' 전문을 소개하였다(〈칠일잡보〉, 1883. 5. 25). 7백여 한자로 된 이 고백문은 현존하는 한국인 신앙고백으로는 최초의 것이어서 교회사(敎會史)적으로 중요한 의미를 지니고 있다. 그는 일본에 와서 세례를 받기까지의 내력과 그 과정에서 일본인 교우들에게서 받은 은혜에 대한 감사를 표한 후 나름대로 파악한 기독교 진리를 설명해 나갔다.

> 신약성서 요한복음 14장을 보니, 예수께서 '아버지가 내 안에, 내가 아버지 안에 있고 너희가 내 안에, 내가 너희 안에 있다' 고 하셨는데, 그 가르침이 밝히 드러나고 그 숨은 뜻이 오묘해서 설교의 요지요 믿음의 관건이요, 학자들이 불가불 탐구할 바로서 예수께서 반복해서 자세하게 가르

치신 이유도 거기에 있습니다.(按新約書約翰傳第十四章耶穌所示曰我在父而父在我爾在我而我在爾云其旨明顯而厥義奧妙乃說敎之要旨致信之關鍵學者不可不探究故耶穌最於此旨反覆申詳)

이수정은 요한복음 14장 20절 말씀을 그리스도 가르침의 핵심으로 보았다.

> 무릇 '아버지가 내 안에 있고 내가 아버지 안에 있으며, 내가 너희 안에 있고 너희가 내 안에 있다'고 한 것은 하나님과 사람이 서로 감응하는 이치를 가리킴이며, 믿음이 있으면 반드시 이루어진다는 것을 확증하는 것입니다. 예수께서 비유하여 이르시기를 '내 아버지는 포도원 주인이요 나는 포도나무이며 너희는 가지라' 하셨으니, 그 이치는 쉽게 곧바로 이해될 것이어늘 번거로이 천착하지 않을 것이므로 제가 이제 무슨 말로 밝힐 수 있겠습니까? (天父在我我在父我在爾爾在我卽神人相感之理有信必成之確證耶穌說譬曰我父爲圃人我乃眞葡萄樹爾爲此樹枝其理直捷易解不煩穿鑿今僕更有何辭)

그는 신앙을 '하나님과 인간이 서로 감응하는 이치'(神人相感之理)로 해석했다. 하나님은 인간을 알고, 인간은 하나님을 느낀다. '하나님과 인간의 합일'(神人合一)이 그렇게 해서 이루어진다. 그런 맥락에서 성경의 '포도나무' 비유를 풀이하였다.

등잔과 종의 비유

그러나 '포도나무' 비유가 극동 아시아인에게는 익숙지 않았다. 16세기 이후 포르투갈 상인과 선교사를 통해 극동 아시아 지역에 포도나무가 이식되었으나 이것이 지천으로 널려 있는 팔레스타인과는 환경이 달랐다. 동양인을 위한 '동양적' 비유가 필요했다. 이수정은 그 점을 알고 있었다.

> 대저 하나님과 인간이 서로 감응하는 이치는 등잔에 비유할 수 있습니다. 등잔 심지가 타지 않으면 빛이 없으니 심지는 도를 가리킴이요, 도심(道心)이 타서 믿음이 되며 불타는 마음은 하나님을 감동시킵니다. 그러므로 하나님의 감동은 믿는 마음에서 나오지 않고는 얻을 수 없으며, 한갓 심지만 가지고는 등잔이 될 수 없기 때문에 불타지 않을 때는 끝내 빛을 볼 수 없듯 믿지 않고서는 끝내 구원을 얻을 수 없습니다. (盖神人相感之理如是譬燈炷不燃則無光燈炷是向道心燃然信心火爲神感故神感非由信心則不可得徒有炷則不成爲燈故不燈時終不見光不信時終不得救)

등잔 속에 빛이 있다. 그러나 심지에 불을 붙이지 않으면 빛이 나지 않는다. 심지는 도를 향한 우리 마음이고 심지에 불을 붙이는 것이 믿음이다. 믿음에 불타는 우리 마음에 감동하신 하나님은 구원의 은총을 내리신다. 믿음이 아니고는 하나님을 감동시키지 못한다. '불타지 않는 심지는 믿음 없는 행위이니 맛을 잃은 소금처럼 버려질 뿐이다'(炷終不受燃則碎棄之如鹽失其味).

이수정은 이해를 돕기 위해 또 다른 동양적 비유를 들었다.

> 하나님께서 하늘에 계심이 소리가 종에 있는 것과 같아서 치면 응하고 때리면 소리 나는 것이니, 종과 망치가 구비되어 있더라도 각기 다른 곳에 달려 있다면 소리가 날 수 있겠습니까? 그러므로 큰 심지로 등잔이 타면 빛이 크고 조그만 망치로 치면 소리가 적으니 곧 많이 구하면 많이 얻고 적게 믿으면 적게 이룬다는 뜻이요 오직 이루지 못함이 없다는 이치입니다. (神之在天如聲之在鍾擊則響槌有聲鍾與槌雖具而各懸一處其有聲乎故燈以大炷燃則光大鍾以小槌叩則聲小卽求多與多信小成之意惟無不成之理)

종 속에 소리가 있다. 그러나 종과 망치가 따로 있으면 소리가 나지 않는다. 망치로 종을 때려야 소리가 난다. 등잔 속에 있던 빛이 심지에 불을 붙임으로 나타나듯, 종 속에 있던 소리도 망치로 때릴 때에 나타난다. 빛과 소리는 하나님을 감동시키는 우리의 믿음이다.

신학의 토착화

이것이 이수정이 말한 '신인상감의 이치'이다. 그는 믿음과 행위를 떼어놓고 보지 않았다. 구원은 인간의 믿음 행위에 대한 하나님의 감동으로 이루어진다. 웨슬리 신학의 특징인 '신인협력설'(神人協力說, synergism)을 여기서 읽을 수 있다. 또한 그는 종 안에 담긴 소리와 등잔 속에 담긴 빛처럼 구원의 가능성이 이미 사람 속에 있음을 밝힌다.

구원을 받았는지 여부를 알고자 하면 마땅히 자신에게 믿음이 있는지 여부를 살펴볼 것이지 스승에게도 묻지 말고 하나님께도 구하지 말 것입니다. (欲確知得救之成否只自省信心之有無莫問於師莫求質於神)

이수정은 사람 속에 내재해 있는 구원의 가능성으로서의 믿음을 강조했다. 그 믿음의 심지에 불을 당기는 것을 성령의 감화(聖靈之感化)라 하였다. 이는 웨슬리가 말한 '선행 은총'(先行恩寵, prevenient grace)에 다를 바 없다.

이처럼 이수정은 '믿음으로 구원을 얻는다'(以信得義)는 기독교의 근본 교리를 정확하게 이해하였을 뿐 아니라 그것을 '동양 언어'로 풀어내는 데 성공했다. 이로써 팔레스타인에서 '포도나무' 비유를 통해 계시된 메시지가 극동 아시아에서 '등잔'과 '종'의 비유를 통해 재해석되었다.

이렇게 하여 복음은 우리 언어와 문화 속에 뿌리를 내리기 시작했다. 이를 '토착화'라 한다. 한국 신학의 역사는 여기서 출발한다. 그리스도를 '자기 언어'로 표현하는 것, 그것에서 기독교 신앙과 신학은 출발한다. 베드로의 고백처럼.

주는 그리스도시요 살아 계신 하나님의 아들이시니이다 ○마태복음 16장 16절

한복에 정자관을 쓰고 일본 기독교도 친목대회에 참석한 이수정(앞줄 오른쪽 네 번째)

II. 이 땅에서 수고한 선교사들

※ 다섯 번째 이야기 ※
같은 날 둘이 함께

나는 심었고 아볼로는 물을 주었으되 오직 하나님께서 자라나게 하셨나니

○ 고린도전서 3장 6절

선교는 협력이다. 혼자 하는 선교는 없다. 천지창조 때부터 하나님의 일은 짝을 지어 하도록 되어 있다(창 2:18). 독점이나 독단은 금물이다. 선교는 여러 사람이 힘을 합하여 손을 잡고 하도록 되어 있다. 한때 장로교와 감리교 목사들 사이에 논쟁거리가 된 것이 있다.

"1885년 4월 5일 부활주일, 인천에 도착한 언더우드와 아펜젤러 선교사 가운데 과연 누가 먼저 한국 땅에 상륙했을까?"

이 질문만큼 어리석은 것이 없다. 그날 현장에 대한 주인공들의 언급은 물론이고 목격자들의 진술도 없는 상황에서 소모적이고 의미 없는 질문일 뿐이다. '모 교회', '장자 교단'의 권위를 독점하려는 교권주의자들의 관심일 뿐이다. 그날의 역사 현장에서 읽어야 할 메시지는 따로 있다.

보이지 않는 손길, 모으시는 하나님

　　언더우드와 아펜젤러는 비록 교파는 달랐지만 여러 가지 면에서 공통점이 많았다. 우선 신앙적인 면에서 그렇다. 아펜젤러는 본래 칼빈주의 계통인 개혁교회 신앙 전통의 집안에서 성장했지만 대학 재학 중에 중생 체험을 한 후, '마음 놓고 할렐루야를 외칠 수 있는 교회를 찾아' 감리교회로 적을 옮겼다. 그는 누구보다 장로교 신앙과 신학 전통을 잘 이해하고 있었고, 그래서 장로교 선교사들과 말이 잘 통하는 감리교 선교사로 인식되었다.

　　언더우드 역시 집안 대대로 전해 오던 개혁교회 신앙 전통을 지키면서도 감리교회의 경건주의적이고 체험적인 면을 중요시하였다. 그는 장로교 동료 선교사들에게서 '시끄러운 감리교도'(roaring methodist)라는 별명을 들을 정도로 '감리교적인' 장로교 선교사였다. 두 선교사는 신앙에서 거리감을 느끼지 않았다.

　　언더우드와 아펜젤러 두 사람이 모두 신학생이던 1883년 10월, 미국 커네티컷 주 하트포트에서 초교파 신학생 수련회가 개최되었다. 뉴턴(R. Newton), 하지(A. A. Hodge), 고든(A. J. Gordon), 타운센드(L. T. Townsend) 등 각 교파를 대표하는 미국 신학자들이 강사로 참석한 이 모임은 이미 타오르고 있던 신학생들의 '해외 선교' 열풍을 더욱 고조시켰다. 이 모임에 언더우드는 뉴브런스윅 신학교 대표로, 아펜젤러는 드루 신학교 대표로 참석했는데(모임 중에 두 사람이 개인적으로 만났는지 여부는 확인할 수 없지만) 둘 모두 이 수련회에서 해외 선교사로 헌신할 것을 결단하였다.

　　또한 두 선교사 모두 처음 계획과는 다른 곳을 선교 지역으로 택하게 되었다는 것도 공통점이다.

언더우드는 본래 인도 선교를 생각하고 있었다. 그러나 선교지를 결정하는 마지막 순간에 "조선엔 갈 사람이 하나도 없구나. 조선은 어이할고?"(No one for Korea! How about Korea?)라는 '하늘의 음성'을 들은 후 생각을 바꾸어 조선으로 방향을 틀었다.

아펜젤러도 처음 계획은 일본 선교였다. 당시 일본에서는 무사 계층에서 집단적인 개종이 이루어지고 있었는데, 조상이 스위스 용병 출신이던 그에게 일본은 매력 있는 선교지였다. 반면 조선은 아시아의 마지막 남은 '은둔국'으로 여전히 위험한 나라였다. 기숙사의 같은 방 동료 워즈워드가 그런 조선을 자신의 선교지로 생각하고 있었다. 그런데 졸업을 1년 앞두고 개인 사정으로 선교를 나갈 수 없게 된 워즈워드가 아펜젤러에게 "나 대신 조선에 갈 수 없겠는가?" 부탁하자, 고민 끝에 친구 대신 조선으로 나오게 된 것이다. 아펜젤러와 언더우드 모두 처음 생각과 달리 하나님의 보이지 않는 손길에 끌려 조선으로 오게 되었다.

함께하는 '에큐메니컬' 선교여행

이처럼 비슷한 체험을 공유한 언더우드와 아펜젤러는 같은 날, 같은 배로 조선에 들어왔다. 이후 둘은 선교 처녀지(terra firma) 조선에서 협력하며 선교의 기틀을 닦았다. 두 사람은 우선 조선에 들어올 때 가지고 온 이수정 번역 성경을 대본으로 번역 작업에 착수했다. 그리고 2년 만인 1887년 여름,《마가의 전한 복음서 언해》라는 제목으로 쪽복음을 일본 요코하마에서 인쇄하였다. 이 쪽복음은 성경의 국내 번역 시대의 개막을 알리는 동시에 '공동 번역'의 효시가 되었다.

또한 이것을 계기로 초교파 성서사업 기구가 조직되었다는 점이 중요하다. 아펜젤러와 언더우드는 성경번역과 출판사업이 한국 교회 전체의 사업이 되기를 원했다. 두 선교사는 비록 장로교와 감리교라는 교파교회 형태로 들어오기는 했지만 선교지에서만큼은 서로 협력하였고, 그러한 신앙 일치와 선교 협력의 기반으로 '하나의 성경'을 사용하는 전통을 세울 필요가 있었다. 그리하여 1887년 2월 7일 정동에 있는 언더우드의 집에서 '성경번역위원회'를 조직하였는데, 감리교에서 아펜젤러와 스크랜턴(W. B. Scranton), 장로교에서 언더우드와 헤론(J. W. Heron) 등이 참여하였다. 이것이 오늘의 대한성서공회의 출발이다.

아펜젤러와 언더우드, 두 사람은 복음 전도와 목회 분야에서도 협력하였다. 조선에 들어온 이듬해 부활절(1886년 4월 25일)에 아펜젤러와 스크랜턴의 딸들이 개신교인으로서는 국내 최초로 세례를 받게 되었는데, 이때 아펜젤러가 집례하고 언더우드가 보좌하였다. 그해 7월 18일에는 조선인 최초로 노춘경이 국내에서 개신교 세례를 받게 되었는데 이번에는 언더우드가 집례하고 아펜젤러가 보좌하였다. 그리고 같은 날 오후 언더우드 집에서 외국인을 대상으로 주일예배를 시작하였는데 언더우드 사회로 아펜젤러가 설교하였다. 이것이 오늘까지 유지되고 있는 주한 외국인 교회(Seoul Union Church)의 시작이다.

조선인 교회는 1887년 9월과 10월, 열흘 간격으로 설립되었는데 장로교회는 언더우드의 정동 사택 사랑방에서, 감리교회는 아펜젤러가 조선인 전도자를 위해 구입한 남대문 안의 '베델 예배당'에서 각각 예배를 드리기 시작했다. 이것이 오늘의 새문안교회와 정동제일교회의 출발이다. 언더우드와 아펜젤러는 서로 상대방 교회의 출발을 축하하고 전도인을 서로 교환하며 협력하였다.

지방선교에서도 아펜젤러와 언더우드의 협력은 두드러졌다. 선교사로는 처음으로 아펜젤러가 1887년 4월 평양여행을 시도하였고 그가 얻은 여행 정보를 바탕으로 10월에는 언더우드가 평양을 거쳐 의주까지 다녀왔다. 그리고 1888년 4월에는 둘이 함께 두 달 예정으로 의주까지 다녀올 계획으로 북부여행을 떠났다. 명동성당 건축을 빌미로 정부에서 급작스럽게 선교 금지령을 발표하는 바람에 여행은 한 달 만에 평양에서 중단되고 말았으나 이 선교여행은 장로교와 감리교의 개척 선교사들이 함께 시도한 지방선교 개척여행으로 중요한 의미를 지닌다. 10년 세월이 흐른 뒤 장로교와 감리교 선교사들이 "선교 중첩과 불필요한 경쟁을 피한다"는 명분으로 선교 지역 협정을 맺어 한반도를 교파별·선교부별로 분할하였다. 그 결과 한국 교회의 교파의식에 지방색이 겹쳐져 훗날 교회 갈등의 한 원인으로 작용하였지만 적어도 한국 선교를 개척했던 아펜젤러, 언더우드 두 선교사의 머릿속에는 자신이 속했던 교파와 선교부를 초월하여 '하나 된 교회'를 지향하는 분명한 선교 의식이 있었다.

에큐메니컬운동의 출발점

훗날 천국에 가서 아펜젤러, 언더우드 두 분을 만났을 때 "두 분 중 누가 먼저 조선 땅에 발을 디뎠습니까?"라고 물어보아도 글쎄, 내가 아는 한 두 분은 그저 미소로 답을 피하실 것 같다. 그래도 대답을 채근하면, "둘이 함께 왔지" 정도로 답할까? 서로 자기가 먼저라고 우기는 일은 절대 없을 것이다. 당시 두 분의 머릿속엔 "내가 저 친구보다 먼저 조선 땅을 밟으리라"는 경쟁심이나 욕심이 있었을 것이라곤 생각할 수 없기 때문이다. 이는 그들이 한국에 오기 전, 그리고 오고 난 후 보여 준 삶의 모습을 보아도 그렇다. 둘은 선교와 교육, 전도와 목회 등 모든 분야에서 상대방을 이해하고 배려할 줄 아는 동역자였다. 둘은 경쟁이 아닌 협력으로, 독점이 아닌 나눔으로 한국 개신교 선교의 기반을 닦았다. 한국 교회 에큐메니컬운동의 출발점이 바로 여기다.

우리는 하나님의 동역자들이요 너희는 하나님의 밭이요 하나님의 집이니라

○고린도전서 3장 9절

🌱 아펜젤러　　🌱 언더우드

1885년 4월 5일 부활주일, 함께 인천에 도착한 아펜젤러와 언더우드는 협력과 나눔으로 한국 선교의 기반을 닦았다.

※ 여섯 번째 이야기 ※
선한 사마리아인의 발자취

> 어떤 사마리아 사람은 여행하는 중 거기 이르러 그를 보고 불쌍히 여겨 가까이 가서 기름과 포도주를 그 상처에 붓고 싸매고 자기 짐승에 태워 주막으로 데리고 가서 돌보아 주니라 ○누가복음 10장 33-34절

예수님이 이 이야기를 하시기 전까지 '사마리아 사람' 하면 '나쁜 사람', '상종 못할 인생', '믿을 수 없는 부류'로 여겨왔다. 그런데 '자기만 옳다고 여기는' 율법 학자가 "누가 나의 이웃인가?"라는 질문을 했을 때, 예수님께서 비유로 들어 하신 말씀을 계기로 사마리아인에 대한 인식이 바뀌었다. 이 말씀 때문에 '사마리아 사람' 하면, 그 앞에 '선한'이라는 수식어가 따라붙게 되었다. 그렇게 해서 '선한 사마리아인'(Good Samaritan)이라는 교회 용어가 생겨났다. '나쁜' 사마리아인이 '좋은' 사마리아인이 된 것이다. 말씀으로 변한 사람들 이야기다.

한국의 초대교회 역사에도 그런 '선한 사마리아인' 이야기가 많다.

애오개 골짜기 '선한 사마리아인 병원'

1885년 5월 우리나라에 들어온 미감리회 의료 선교사 스크랜턴은 서울 정동에 자리를 잡고 병원을 차린 후, 찾아오는 환자들을 진료하며 복음을 전하기 시작했다. 서울 성 안에 위치한 정동은 양반들의 기와집들이 많았을 뿐 아니라 경희궁과 경운궁(후의 덕수궁) 같은 궁궐도 있고 미국을 비롯하여 영국, 독일, 프랑스, 러시아 등 각국 영사관들이 있어 외국인들이 거주하기에 적합한 곳이었다. 더욱이 고종 황제가 스크랜턴의 병원에 '시병원'(施病院)이라는 이름까지 지어 내려 보냄으로서 조선 사회에서 그의 병원은 '나라님이 보호하는 기관'이라는 인식이 퍼졌다. 스크랜턴으로서는 정동이 마음 놓고 활동할 수 있는 '안전 공간'이었다.

그런데 정동에서 병원을 시작한 지 2년도 못 되어 스크랜턴은 병원을 옮길 계획을 세웠다. 그는 정동에 있던 병원을 시 외곽 여러 곳으로 분산하여, 정식 병원은 아니라도 약을 나누어 주며 간단한 진료를 할 수 있는 시약소(施藥所, dispensary)를 세우려 하였다. 물론 시약소에 매서인이나 전도부인을 상주시켜 환자들에게 복음을 전하게 해 궁극적으로 교회를 설립하려는 복음 전도 의지도 담겨 있었다. 스크랜턴은 이런 자신의 계획을 미국 선교 본부에 알리면서 이를 '선한 사마리아인 병원 설립계획'(Good Samaritan's Hospital Project)이라 하였다. 병원 이전 계획에 '선한 사마리아인'이라는 표현을 쓴 것에서 그의 선교 신학과 정책을 읽을 수 있다. 그가 생각하기에 신변의 안전을 위해서는 정동이 더없이 좋은 곳이지만 병원이 있을 만한 곳은 아니었다. 궁궐과 양반 저택, 외국 공사관이 즐비한 정동은 '귀족층'이 선호하는 곳으로 가난하고 병든 이들이 편안하게 왕래할 수 있는 곳은 아니었다. 그래서 스크랜턴은 가난하고 힘없는 사람들이 모여 사는 곳으로 병원을 옮기려 한 것이다. 병원은 '강도를 만나 모든 것을 빼앗기고 맞아 거지반 죽게 되어 버려진' 인생들이 사는 '여리고 골짜기'(눅 10:30)에 있어야 했다.

스크랜턴은 1888년부터 새로 세울 시약소 터를 물색하기 시작하였다. 그리고 그런 골짜기가 곧 눈에 띄었다. 서대문 밖 애오개[아현]는 조선시대 정부에서 전염병 환자들만 수용하던 활인서(活人署)가 있고 공동묘지, 특히 어려서 죽은 아이 시체를 갖다 버리던 곳이라 사람들이 접근을 꺼려하였다. 동대문 안 낙산 언덕, 이곳은 갓바치와 백정, 무당들이 몰려 살던 산동네였다. 그리고 남대문 안 상동 언덕은 하루 종일 장사꾼들로 북적였고 시장 바닥에서 살아가는 걸인과 품팔이꾼들이 움막을 치고 살았다. 스크랜턴은 서대문과 남대문, 동대문 세 곳에 집을 마련하고 시약소 간판을 내걸었다. 그것이 발전하여 오늘의 아현교회와 상동교회, 동대문교회가 되었다.

안전지대 정동을 떠나 위험하기 짝이 없는 '골짜기'와 '언덕'으로 나가려는 스크랜턴을 이해할 수 없다며 동료 선교사들이 그 이유를 물었을 때 돌아온 대답은 간단했다.

"그곳에 민중이 있기에."

이처럼 스크랜턴은 '귀족 환경'을 떠나 '민중 지역'으로 자리를 옮겼다. 거기서 병들고 가난하고 소외된 사람들을 만났다. 그리고 '지금 부요하고 배부르고 웃고 칭찬받는 사람에겐 '화'(禍)가 되지만 '지금 가난하고 주리고 울고 버림받은 사람에겐 '복'(福)이 되는 말씀(눅 6:20-26)을 전하였다. 그랬더니 그 골짜기에서 죽어 가던 인생들이 새 생명을 얻어 위대한 삶의 주인공이 되었다.

영산포 나루의 '선한 사마리아인'

전라도 광주에서 처음으로 예수를 믿고 세례 받은 사람, 광주 교회의 최초 장로, 광주 출신 최초 목사, 3·1운동 때 광주 만세시위를 지도하였을 뿐 아니라 직접 서울에 올라가 태극기를 휘두르며 만세를 부르다 체포되어 2년 6개월간 옥고를 치른 민족운동가, 별세하였을 때 광주뿐 아니라 전국에서 문둥병환자, 결핵환자, 걸인 수백 명이 몰려 와 "아버지가 가시면 누가 우리를 보호해 줍니까!" 하고 울면서 상여를 끌었던 전설적인 사회사업가. 이는 모두 광주 선교의 아버지 오방(五放) 최흥종(崔興琮) 목사를 수식하는 말들이다. 그러나 최흥종이 처음부터 이런 '성인'(聖人)이었던 것은 아니다. 예수 믿기 전 그는 동네에서 알아주는 '왈패'였다. 욱하는 성질 때문에 사람들이 가까이 하지 않던 인물이었다.

1904년 광주에 선교사가 처음 들어와 양림동 언덕, 어린애가 죽으면 갖다 버리던 '애장터'에 집을 짓고 살기 시작하자 동네 사람들이 두려워하며 가까이하지 않을 때, 예의 욱하는 성질에 "도대체 어떤 족속인지 알아나 보자" 하는 생각에서 양림동 선교사 집을 찾아갔던 그였다. 그러했기에 처음부터 기독교에 관심이 있었던 것은 아니다. 선교사 일을 도와주며 돈도 벌고 출세 길도 모색해 보려는 생각에서 선교사 동네를 출입하기 시작했다.

그렇게 5년 세월이 흘러 1909년 4월, 광주 선교 개척자 오웬(C. C.

Owen)이 지방 전도를 나갔다가 폐렴에 걸려 사경을 헤맸다. 선교사들은 급히 목포에 있던 의료 선교사 포사이드(W. H. Forsythe)에게 연락하여 광주로 올라오도록 하였다. 포사이드는 배를 타고 영산강을 거슬러 올라 나주 영산포에 내렸다. 선교사들의 부탁으로 영산포까지 마중 나간 최흥종은 말을 탄 포사이드를 안내하여 광주로 향하였다. 그런데 도중에 구걸하는 걸인을 만났다. 그냥 걸인이 아니라 나병에 걸려 걷지도 못하는 여자였다. 최흥종은 무의식적으로 피했다. 그러나 포사이드는 타고 가던 말에서 내려 그 걸인에게 가더니 그를 안아 자기 말에 태우고는 자신은 고삐를 잡고 걷기 시작했다. 멀찍감치 뒤따라가는 최흥종에게 포사이드의 그런 모습은 이해할 수 없는 충격이었다.

포사이드가 광주에 도착했을 때 오웬 선교사는 이미 숨을 거둔 뒤였고, 포사이드는 길에서 만난 나병환자를 선교부 병원에 입원시켰다. 하지만 먼저 들었던 환자들이 "어떻게 나병환자와 함께 지낼 수 있느냐?"며 격렬하게 항의하는 바람에 환자를 아무도 쓰지 않는 가마굴로 옮겼다. 이 모든 과정에서 포사이드는 직접 환자를 안아 옮겼다. 최흥종은 멀찍이 서서 바라만 볼 뿐이었다. 그런데 옮기던 중, 환자가 손에 쥔 지팡이를 놓쳤다. 환자가 그 지팡이를 다시 잡으려 하자 두 손으로 환자를 안고 있던 포사이드가 최흥종에게 외쳤다.

"미스터 최! 그 지팡이 좀 집어 줘요."

그러나 최흥종은 지팡이를 잡을 수 없었다.

"미스터 최! 잡아도 괜찮아요. 어서 집어 줘요."

그러나 그날 최흥종은 끝내 지팡이를 잡지 못했다. 그 대신 그날 밤부터 고민이 시작되었다.

"왜 그는 하는데 나는 하지 못하였는가? 나는 내 동족인데도 피해 도망쳤는데 어떻게 그는 자기 자식 대하듯 안을 수 있었나? 그와 나 사이에 무엇이 다른가?"

포사이드는 오웬의 장례식 이후 목포로 돌아갔다. 가마굴로 옮겼던 걸인 환자도 얼마 후 죽었다. 그러나 최흥종의 고민은 계속 깊어만 갔다. 그리고 마침내 답을 얻었다.

"그렇다. 믿음의 차이다. 예수 믿는다는 것은 '그렇게' 사는 것이다. 나도 그렇게 살아야겠다!"

재현되는 '선한 사마리아인' 이야기

그리고 얼마 후, 전라도 일대에 "양림동 양인들이 나병환자를 데려다 치료했다"는 소문이 돌기 시작했다. 그러자 곳곳에서 나병환자들이 광주 양림동 언덕으로 몰려왔다. 이 환자들을 최흥종이 맞았다. 최흥종은 무등산 골짜기에 집을 짓고 이들과 함께 살면서 치료를 받도록 했다. 한국 최초 나병 전문 요양원인 광주 나병원(지금의 '여수 애양원')은 이렇게 해서 출발하였다. 이것이 최흥종이 '나병환자의 아버지'로 세상에 알려지게 된 내력이다.

그날, 최흥종이 영산포 나루에서부터 가마굴에 이르는 도상(途上)에서 목격한 포사이드의 모습은, 여리고 골짜기에서 죽어 가는 환자를 응급조처한 후 자기 말에 태워 여관까지 데려간 '선한 사마리아인'의 모습 그것이었다. 최흥종에게 그 모습이 처음엔 당혹과 충격이었으나 깊은 고뇌의

● **여수 애양원에 있는 포사이드 기념비**(맨 오른쪽)
나병에 걸린 여인을 구해 준 포사이드의 모습은 강도 만난 자를 구해 준 '선한 사마리아인' 바로 그것이었다.

시간을 거쳐 닮고 싶은 감동으로 바뀌었다. 그리스도의 '선한 사마리아인' 이야기는 이런 식으로 포사이드에게 그리고 다시 최흥종에게 재현되었다. 그 이야기는 계속 재현되어야 한다.

> 네 생각에는 이 세 사람 중에 누가 강도 만난 자의 이웃이 되겠느냐 이르되 자비를 베푼 자니이다 예수께서 이르시되 너도 이와 같이 하라 하시니라
> ○누가복음 10장 36-37절

일곱 번째 이야기
'한 알의 밀알' 무덤

> 내가 진실로 진실로 너희에게 이르노니 한 알의 밀이 땅에 떨어져 죽지 아니하면 한 알 그대로 있고 죽으면 많은 열매를 맺느니라 ○요한복음 12장 24절

많이도 필요 없다. 한 알이면 된다. 단 한 알의 살아 있는 씨알, 남을 위해 그 생명을 희생할 각오가 되어 있는 씨알이어야 한다. 한 알이 죽어 수백, 수천의 밀알이 된다. 예수님 한 분이 죽어 열두 제자가 살았고, 열두 제자가 죽어 백이십 성도가 살았다(행 1:15). 복음의 역사에서는 하나가 죽어 여럿이 산다. 하나를 위해 여럿을 희생시키는(多爲一) 세상 질서와 다르다. 그래서 교회 역사에는 하나가 변하여 여럿이 된(一爲多) 한 알의 밀알들이 많이 등장한다. 그런 밀알들로 인해 복음은 세상 구석구석으로 퍼져 나가고 교회는 성장한다.

사도들의 자기희생으로 초대교회가 급속하게 퍼져 나갔던 것처럼 어느 곳이든 선교 초기엔 '밀알'의 희생이 있게 마련이다. 한국 초대교회의

역사도 마찬가지였다.

소래의 '매켄지 무덤'

황해도 장연 서해안에 위치한 소래[松川] 마을은 선교사가 들어오기 전부터 교회가 설립된 곳으로 유명하다. 의주 출신 서상륜·서경조 형제가 1882년 만주에서 복음을 접한 후 한글 쪽복음을 가지고 소래에 들어와 전도한 결과, 자생적인 신앙공동체가 형성되었다. 그리고 이곳 출신들이 1887년 9월 24일 언더우드가 서울에 '정동교회'(지금의 새문안교회)를 설립할 때 그 주축이 되었다. 그래서 교회사가 백낙준은 소래를 '한국 개신교의 요람'이라 불렀다. 소래가 그런 곳이기에 우리나라에 온 선교사들은 으레 소래를 방문해서 사람들에게 말을 배우는 것으로 선교를 시작했다. 언더우드가 서울에서 교회를 시작한 지 한 달 뒤에 소래를 방문한 것을 시작으로 마펫(S. A. Moffett)과 게일(J. S. Gale), 펜윅(M. C. Fenwick) 등이 소래를 거쳐 갔다. 이들이 소래를 방문하였던 '손님'들이라면 소래에 들어와 산 선교사는 매켄지(W. J. McKenzie)가 처음이다.

캐나다 출신으로 핼리팩스 신학교에 다니던 매켄지는 이상하게도 조선에 마음이 끌려 교단이나 선교부 지원을 받지 않은 '독립' 선교사로 1893년 12월 우리나라에 왔다. 그도 역시 소래를 방문하여 교인들을 만나 교제를 나누었는데, 그곳 교인 대표인 서경조의 부탁을 받고 1894년 10월부터 아예 소래로 들어갔다. 동료 선교사들은 "선교사의 지방여행이 아직은 위험할 뿐 아니라 시골 문화와 환경이 열악해서 서양인이 살기는 불편하다"며 만류하였지만 그는 "토착민에게 전도하려면 토착민 속으로 들어가야 한다"며 소래에 집을 마련하였다. 서울 선교사들이 살던 벽돌 '양관'(洋館)과 달리 그의 소래 집은 초가지붕 토담집이었다. 그는 온돌방에서 자고 시골 음식을 먹으며 지냈다. 그런 매켄지를 소래 교인들은 물론이고 불신자들도 이웃처럼 여겼다.

그 무렵 소래 교인들은 전에 서낭당이 있던 마을 언덕에 예배당을 짓고 있었는데, "우리 힘으로 예배당을 짓자"며 선교사의 재정 지원을 일절 사양하였다. 매켄지는 소래 교인들의 '자립' 정신을 높이 기려 격려를 아끼지 않으며 교인들과 함께 나무와 흙을 날랐다. 이런 매켄지가 있었기에 소래 교인들은 더욱 힘을 내서 예배당 건축을 하였다. 그리고 마침내 1895년 6월 17일 아담한 기와지붕 한옥 예배당을 봉헌할 수 있었다. 예배당을 봉헌하는 날, 예배당 앞마당 깃대에 '십자기'를 게양하였더니 마침 지나가던 이웃 마을 동학군(東學軍)들이 행군을 멈추고 박수를 치며 축하해 주었다. 매켄지와 소래교회가 지역 사회에서 어느 정도 신임을 얻고 있었는지 보여 주는 장면이다.

그런데 예배당 봉헌식이 있은 뒤 한 주일 후, 매켄지가 소지하고 있던 권총으로 자살하여 소래 교인들과 동료 선교사들은 큰 충격에 빠졌다. 자살의 원인은 분명치 않다. 다만 그가 남긴 일기와 사건 직후 소래를 방문한 선교사들의 보고에 따르면, 매켄지는 오래전부터 자주 토하거나 고열로 누워 있는 시간이 많았다 한다. 이로 미루어 보아 그는 위생 상태가 열악한 토담집에 살다가 저항력이 약한 외국인에게는 치명적인 풍토병에 감염되었음을 알 수 있다. 병중에도 자기 몸을 돌보지 않고 예배당 건축에 매달렸던 매켄지는 예배당을 봉헌한 후 자신이 회복 불능 상태인 것을 알고 교인들에게 부담을 주지 않기 위해, 혹은 고열로 이성의 판단력을 잃은 상태에서 스스로 목숨을 끊은 것으로 추정할 수 있다. 서른네 살의 독신이었던 매켄지의 유해는 그가 그토록 사랑했던 소래 땅에 묻혔다.

'자살'에 대해 신학적 논쟁은 있을 수 있으나 매켄지의 죽음이 한국 토착민을 향한 사랑, 몸을 돌보지 않는 자기희생의 결과인 것만은 분명하다. 그의 죽음이 소래 교인들과 선교사들을 감동시킨 것은 물론, 그의 고향 사람들의 마음도 움직였다. 매켄지의 죽음 소식을 접한 캐나다 핼리팩스의 교인들은 좌절하기보다는 자극을 받아 매켄지가 사랑했던 조선을 위해 선교 헌금을 시작했다. 모금운동은 전국으로 확산되었고 캐나다장로교회는 1897년 10월 마침내 조선 선교를 정식으로 결의하였다. 그리하여 그리어슨(R. Grierson)과 푸트(W. R. Foote), 맥레이(D. M. McRae) 등으로 구성된 개척 선교단이 1898년 9월 우리나라에 도착했고, 이후 백여 명의 선교사들이 참여한 캐나다장로교회의 '함경도' 선교가 시작되었다. 이들 개척 선교사들은 조선을 향해 출발하기에 앞서 매켄지가 5년 전 파송예배를 드렸던 핼리팩스 트루로 제일교회에서 환송예배를 드렸다.

부산의 '데이비스 무덤'

지금은 사라졌지만 부산 복병산(현재 부산 대청동 남성여고 주차장 터)에도 '밀알 무덤'이 있었다. 그 주인공은 호주장로교 선교사 데이비스(J. H. Davies)이다.

한반도 '제2의 도시' 부산에도 일찍이 선교사들이 들어가 복음을 전했지만 지속적이지는 못했다. 1885년 중국에서 활동하던 영국성공회 선교사 울프(J. R. Wolfe)가 중국인 전도자들을 데리고 부산에 와서 전도를 시작했으나 본국 교회의 재정 지원을 받지 못해 2년 만에 중단했고, 매켄지처럼 독립 선교사로 들어온 캐나다 출신의 게일(J. S. Gale)이 1889년 부산에 왔으나 그 역시 오래 있지 못했다. 부산을 선교지로 생각하고 찾아온 첫 번째 선교사가 데이비스였다.

데이비스는 이미 스무 살 때 성공회 소속으로 인도에서 2년 동안 선교사로 활동한 경험이 있었다. 건강 문제로 귀국할 수밖에 없었지만, 귀국 후 멜버른 대학을 졸업하고 코필드 초등학교를 설립하여 교장으로 있던 중, 조선 선교를 호소하는 영국성공회 울프 선교사의 글을 읽고 감동을 받게 되어 조선으로 나갈 결심을 했다. 그러나 그가 속한 성공회에서 선교비 지원을 받지 못하자, 빅토리아 주의 장로교회로 적을 옮겨 목사 안수를 받고 교인들과 주변 친지들의 도움을 얻어 1889년 10월 우리나라로 올 수 있었다. 이때 선교에 관심이 많던 세 살 위 누나가 동행하였다.

데이비스는 서울에서 다섯 달 동안 어학공부를 한 뒤 1890년 3월 14일, 선교 목적지인 부산을 향해 출발했다. 조선인 어학선생과 짐꾼을 대동하긴 했지만 수원과 공주를 거쳐 추풍령 고개를 넘는 험난한 여행이었다. 1천5백 리를 걸어서 스무 날 걸려 부산에 도착하였을 때 그의 기력은 이미 바닥에 이르렀다. 데이비스는 무리한 여행으로 천연두에 걸렸고 폐렴까지 겹쳐 마지막 닷새 동안은 아무것도 먹지 못했다.

그런 상태에서 데이비스가 부산 게일의 집에 도착한 것이 4월 4일, 비 오는 금요일 저녁이었다. 한눈에 위급 상황인 것을 알아챈 게일은 데이비스를 곧바로 일본인 병원에 입원시켰다. 그리고 하룻밤을 병상에서 그와 함께 지냈다. 그러나 그 다음날 데이비스는 제대로 치료를 받기도 전에 숨을 거두고 말았다. 데이비스의 유해는 부산이 내려다보이는 복병산 공동묘지 언덕에 묻혔다. 졸지에 상주가 된 게일은 서울에 있던 데이비스 누나에게 편지를 쓰면서 그의 마지막 임종 모습을 다음과 같이 전했다.

> 아침 9시쯤 데이비스에게 뭔가 좀 먹여야겠다고 생각해서 음식을 마련하러 외출했습니다. 10시에서 11시 사이에 병원으로 갔다가 잠시 집에 와 있는데 그때 병원에서 사람이 와서 빨리 오라고 했습니다. 병원에 도착해 보니 의사가 "곧 숨을 거둘 것이다" 하였습니다. 그는 의식이 남아 있었는데 죽어 가면서도 내게 뭔가를 말하려 하였습니다. 1시에 그는 아주 평온한 모습으로 숨을 거두었는데 마지막 순간까지 예수님에 대해 뭔가를 중얼거렸습니다. (《The Australian Presbyterian Mission in Korea》, 1970, 174-175쪽.)

데이비스가 선교지 부산에 도착해서 하루 만에 고열에다 피를 토하면서도 "아주 평온한 모습으로 숨을 거두었는데 마지막 순간까지 예수님에 대해 뭔가를 중얼거렸습니다"(passed away quite peacefully murmuring himself something about Jesus)라는 소식은 데이비스의 누나를 통해 호주에 그대로 전해졌다. 그 소식은 그곳 교인들의 마음을 움직였다. 빅토리아 주를 비롯하여 호주장로교 교인들이 조선 선교에 대한 데이비스의 꿈을 이루자며 헌금을 하기 시작했다. 그리하여 호주장로교회는 적극적으로 조선 선교에 착수하여 매케이(J. Mackay)와 멘지스(B. Menzies), 포셋(M. Fawcett), 페리(J. Ferry) 등으로 구성된 개척 선교단이 1891년 10월 부산에

소래의 매켄지 무덤
서른네 살의 독신 선교사 매켄지는 그가 그토록 사랑했던 소래 땅에 묻혔다.

데이비스 선교사 남매
데이비스는 부산을 선교지로 생각한 첫 번째 '밀알' 선교사였다.

도착하여, 데이비스의 무덤 아래 자리를 잡고 본격적인 부산 선교를 시작하였다.

죽음으로 시작된 복음의 역사

데이비스도 그러했고 매켄지도 그러했다. 데이비스가 죽자 호주장로교회에서 백여 명 선교사들이 나왔고, 매켄지가 죽자 캐나다장로교회에서 백여 명의 선교사들이 그 뒤를 이었다. 죽음이 끝이 아니라 시작인 것을 복음의 역사는 이렇게 증언한다. 뒤를 이어 우리나라에 와서 복음을 전하기 위해 애쓰다 풍토병에 걸려 죽은 수많은 선교사들과 그 가족들의 희생도 마찬가지다. 본국에서 편하게 살 수 있었음에도 선교사들이 자기 목숨을 희생하면서까지 위험이 따르는 이국땅을 찾는 이유는 오직 한 가지, 우리 생명의 영원한 주인이신 그리스도의 말씀에 대한 충성심 때문이었다.

> **자기의 생명을 사랑하는 자는 잃어버릴 것이요 이 세상에서 자기의 생명을 미워하는 자는 영생하도록 보전하리라** ○ 요한복음 12장 25절

여덟 번째 이야기
언덕 위 양관

> 너희는 세상의 빛이라 산 위에 있는 동네가 숨겨지지 못할 것이요 사람이 등불을 켜서 말 아래 두지 아니하고 등경 위에 두나니 이러므로 집 안 모든 사람에게 비치느니라 ○마태복음 5장 14-15절

산 위의 마을은 숨을 수 없다. 언덕 위의 집은 드러나게 마련이다. 교회도 그렇고 교인도 그렇다. 강단 위의 목사는 교인들에게 숨길 수 없고, 교인들의 행동도 마을 사람들에게 드러나게 마련이다. 이왕 드러날 것, 숨길 수 없는 것이라면 빛으로 드러나야 하지 않겠는가? 그래서 그 빛으로 더 많은 사람을 교회 안으로 이끄는 것, 그것이 주님의 말씀이 아니던가?

우리나라에 처음 선교사들이 들어와 자리를 잡을 때, 선교사들은 하나같이 언덕 혹은 산을 사서 그곳에 집을 짓고 살았다. 우리나라 사람들은 배산임수(背山臨水)라 해서 산자락 아래 개울이 흐르는 곳에 집을 짓고 살았는데, 선교사들은 언덕 높은 곳, 어떤 경우엔 산마루에 집을 짓고 살았

다. 그때부터 언덕 위 양관은 복음이 들어간 도시의 명물이 되었다. 서울은 물론이고 인천이나 수원, 개성, 평양, 선천, 의주, 영변, 원산, 함흥, 춘천, 원주, 대구, 부산, 마산, 진주, 목포, 광주, 순천, 전주, 군산, 공주, 청주 등 일제시대 선교부가 있던 도시에는 예외 없이 도시가 한눈에 내려다보이는 언덕 위에 양관과 선교사들이 운영하는 학교와 병원 그리고 교회가 있었다. 그만큼 우리 민족 역사에서 교회는 처음부터 드러내 놓고 복음을 전했다.

천당 같은 집

손꼽히던 '충청도 양반 고을' 공주도 마찬가지였다. 한말, 나라에서 경부선을 놓을 때 서울을 출발한 기차가 경기도 도청소재지인 수원을 거쳐 충남 도청소재지인 공주를 통과하는 것이 당연하였으나, "어찌 감히 쇠마차가 우리 땅을 지나가게 하겠는가?" 하며 공주 양반들이 극구 반대하여 결국 기차는 천안과 조치원을 거쳐 황량한 벌판이었던 한밭[大田] 쪽으로 방향을 틀어야 했다. 그토록 보수적이던 공주에 복음이 들어가던 때 이야기다.

1903년, 감리교 의료 선교사 맥길(W. B. McGill)이 토착 전도인 이용주와 함께 공주에 들어와 하리동 언덕 아래 집을 사서 2년 동안 진료실과 교회를 운영하다가 떠났다. 그리고 1년 뒤 샤프(R. A. Sharp)가 윤성렬과 함께 내려와 하리동 뒷산 일대를 사서 선교부로 꾸미고 그곳에 선교사 사택을 비롯하여 학교(영명학교)와 교회(지금의 공주제일교회)를 건축했다.

공주 사람들은 언덕 위에 2층짜리 붉은 벽돌집들이 올라가는 것을 신기한 듯 쳐다보았다. 1905년 11월, 사택이 완공되자 샤프 부부는 마을 사람들에게 양관을 공개했다. 남녀노소 할 것 없이 구경꾼들이 몰려왔다. 거드름 피던 공주 양반들도 뒷짐 지고 올라왔다. 선교사 집은 신기한 물건들로 가득 차 있었다. 현관을 지나 응접실과 식당, 서재와 침실까지 구석구석 둘러보며 샤프 부부가 서양 물건들을 어떻게 쓰는지 실연(實演)해 보이면 구경꾼들은 감탄사를 연발했다. 구경을 마치고 나가던 노인이 현관에 걸린 거울 속에 비친 자기를 보고는 "자네도 구경 왔나? 어서 들어가 보게나. 그런데 자네, 어디서 많이 본 것 같은데……"라고 하여 선교사 부부를 웃겼다. 한번은 구경하던 마을 양반 한 명이 정색을 하며 한마디 했다.

"목사, 당신은 천당에 갈 필요가 없겠소."

"……?"

"이렇게 깨끗하고 좋은 집에서 사니 천당인들 이보다 더 낫겠소?"

공주 사람들 눈에 선교사들이 사는 집은 '천당 집'으로 보였다. 사실이 그러했다.

양관과 '구경 미션'

샤프 선교사는 이렇게 몰려드는 구경꾼들을 맞는 것으로 공주 선교를 시작했다. 개인생활은 물론, 선교 계획에도 적지 않은 차질이 생겼으나 몰려오는 구경꾼들을 막을 수는 없었다. 오히려 그것을 전도의 기회로 삼았다. 선교사 부부는 찾아오는 구경꾼들에게 식탁에 앉아 기도하고, 서재에서 성경 읽고, 응접실에서 오르간을 치며 찬송 부르는 모습을 보여 주었다. 이런 식으로 구경꾼들에게 '예수님을 모시고 사는 생활', 곧 천당 생활이 어떤 것인지 보여 주었다.

공주에서만 그런 것이 아니다. 선교사들이 들어간 모든 지역에서 이런 현상이 벌어졌다. 선교사들은 이런 현상을 효과 있는 전도 방법으로 활용했다. 선교사들은 마을로 내려가 전도하는 것보다 오히려 마을 사람들을 선교부 안으로 끌어들여 복음을 접하도록 유도하였다. 효과도 있었다. 선교사들은 이런 전도 방법을 '구경 미션'(Gukyung mission)이라 하며 다른 선교사들에게 적극 권장하기도 했다. 사실, 우리나라 사람들처럼 구경 좋아하는 민족이 어디 있으랴? 구경하다 보면 관심을 갖게 되고 그러면서 믿게 되는 것 아니겠는가?

선교 초기엔 이처럼 구경꾼으로 선교사를 찾아갔다가 예수님을 믿게 된 경우가 종종 있다. 한국인 최초 목사 김창식(金昌植)도 그렇고, 광주 최초 목사 최홍종도 그러했으며, 민중 목회자 전덕기(全德基)도 알고 보면 도대체 서양 사람은 어떻게 사는지 그것을 알아보려고 스크랜턴 선교사 집에 들어갔다가 선교사 가족의 생활 모습에 감동받아 예수님을 믿게 되었다.

사애리시 부인의 사랑 실천

그렇다고 선교사들이 집 안에 머물러 있어 '구경 미션'만 한 것은 아니다. 선교부 밖으로 나가 전도도 했다. 샤프 선교사는 공주를 거점으로 천안과 조치원, 멀리 청주까지 나가 전도하였다. 그는 '천당 같은 집'에 살기보다는 위생과 환경이 열악한 시골을 찾아다니며 전도하는 일에 더 열심이었다. 실제로 샤프가 '천당 같은 집'에 산 것은 석 달도 못 되었다. 1906년 2월 말, 사경회를 인도하기 위해 논산 은진 지방에 갔다가 발진티푸스(이질)에 걸려 손도 못 써 보고 별세한 것이다. 시골 길을 가다가 진 눈깨비를 피해 들어간 집이 하필이면 상여를 보관하는 곳집이었고, 그곳에서 이질로 죽은 시체를 담았던 상여를 만진 것이 화근이었다. 샤프의 무덤은 그가 지은 '천당 같은 집' 뒤편 언덕에 마련되었다.

공주 사람들은 샤프의 갑작스런 죽음에 큰 충격을 받았다. '천당 사람'도 죽는다는 것에 실망한 사람도 있지만 자기 몸을 돌보지 않고 시골집을 찾아다니며 '천당 복음'을 전하다 희생당한 것에 감동한 사람이 더 많았다. 공주 사람들을 더욱 놀라게 한 것은 남편을 잃은 샤프 부인(A. J. Hammond Sharp)의 행동이었다. 공주 사람들 생각에 신혼 초 그처럼 허망하게 남편과 사별했으면 공주를 떠나리라 예상했는데 샤프 부인은 오히려 "남편이 하던 일을 계속하겠다"며 30년 넘게 공주에 살면서 영명여학교를 설립하고 많은 인재를 길러냈다. 3·1운동의 상징인 유관순을 비롯하여 중앙대학 설립자 임영신, 한국인 최초 여자목사 전밀라, 여성 교육자 박화숙, 한국인 최초 여자 경찰서장 노마리아 등이 그의 가르침을 받은 대표적인 인물들이다.

공주 교인들은 '한 알의 밀알'이 된 샤프 목사도 존경했지만 '공주 사랑'을 삶으로 보여 준 샤프 부인을 더욱 우러러보았다. 샤프 부인은 그의 한국 이름, '사애리시'(史愛理施)의 뜻풀이처럼 '사랑의 이치를 베푼 부인'이었다. 샤프 목사가 이역만리 이국땅에 와서 자기 목숨을 희생한 것도, 그 부인이 공주를 떠나지 않고 남편이 하던 일을 계속한 것도 '예수 사랑' 때문이었다. 이들 부부의 희생과 헌신의 삶이 공주 사람들의 마음을 움직였다. 완고하기 짝이 없던 공주 사람들이 하리동 언덕 위에 있는 교회로 발걸음을 옮기게 된 배경에는 예수 사랑을 몸으로 실천한 선교사 부부의 '착한 행실', 곧 '빛의 삶'이 있었다.

> 이같이 너희 빛이 사람 앞에 비치게 하여 그들로 너희 착한 행실을 보고 하늘에 계신 너희 아버지께 영광을 돌리게 하라 ○마태복음 5장 16절

1900년대 공주 선교부
선교사들이 살던 언덕 위 양관은 복음이 들어간 도시의 명물이 되었다.

◼ 아홉 번째 이야기 ◼
협산자 예배당의 부부 공덕비

> 그러므로 구제할 때에 외식하는 자가 사람에게서 영광을 받으려고 회당과 거리에서 하는 것같이 너희 앞에 나팔을 불지 말라 진실로 너희에게 이르노니 그들은 자기 상을 이미 받았느니라 너는 구제할 때에 오른손이 하는 것을 왼손이 모르게 하여 네 구제함을 은밀하게 하라 은밀한 중에 보시는 너희 아버지께서 갚으시리라 ○마태복음 6장 2-4절

고아원에 라면 몇 박스 갖다 주면서 광고하고 사진 찍지 말라는 말씀이다. 남을 도울 마음이 있으면 아무도 몰래, 심지어는 자신도 모르게 하라는 말씀이다. 남을 조금 도왔다고 그걸 두고두고 기억하면서 자기 자랑으로 삼지 말라는 말씀이다. 살아 있는 사람 이름을 넣어 기념예배당을 짓는 것은 더욱 안 될 일이다. 도움을 받은 자는 기억하되 도와준 이는 기억하지 못하는 것, 그것이 바람직한 구제요 사랑이다. 그런 '기억나지 않는' 사랑의 손길로 교회는 살찌고 성장한다.

공주읍교회 협산자 예배당

1905년 '양반 고을' 공주에 복음이 들어갔으나 교인을 얻기는 쉽지 않았다. 하리동 언덕 위 양관을 보러 오는 구경꾼들은 많으나 언덕 아래 초가집 예배당에 들어오는 사람은 없었다. 선교사 샤프와 윌리엄스(F. E. C. Williams), 토착 전도인 윤성렬과 안창호(감리교 초기 목회자 安昌鎬) 등이 2년 동안 열심히 노력하였으나 교인이 50명을 넘지 못했다. 그러다가 1907년 대부흥운동을 계기로 분위기가 바뀌었다. 1907년 부흥운동은 평양에서 시작되어 전국으로 확산되었는데 한강 이남에서는 공주에서 가장 강하게 부흥운동이 일어났다. 4월에 열린 공주읍교회(지금의 공주제일교회) 부흥회에서 교인들이 변화되었다.

> 서로 미워하고 시기하였다 하며 간음하였다 하며 속이고 도적질하였다 하며 우리 주를 입으로만 믿었다 하며 어떤 이는 그간에 안창호 씨를 원수같이 보았다 하며 슬피 애통으로 서로 위로하며 날마다 이와 같이 일주일 동안을 지냈더니 (〈신학월보〉 1907, 4, 121쪽.)

부흥회가 끝나고 교인들의 신앙 체질이 바뀌었다. 체질이 바뀌면서 전도에도 열심이 생겼다. 그러자 새 교인들이 들어오기 시작했고 1년 사이에 교인이 2백 명으로 늘었다. 서너 간짜리 초가 예배당이 비좁게 되어 넓고 안전한 새 예배당이 필요했다. 그런데 가난한 사람들이 대부분이라 새 예배당을 마련할 만한 재정 능력이 없었다. 다만 기도할 뿐이었다. 기도는 1년 만에 응답되었다.

1909년 봄, 공주읍교회는 3백 명을 수용할 수 있는 ㄱ자 벽돌 예배당을 지었다. 교인들은 새 예배당을 '협산자예배당'(挾傘者禮拜堂)이라 불렀다. 그 내력은 이렇다.

> 당시 한국 선교를 관리하고 있던 미국감리교회 감독은 공주읍에 새 예배당이 필요하다는 선교사의 편지를 받고 건축비 지원 문제로 고심하고 있었다. 제한된 선교 본부 예산으로는 급증하는 한국 선교 요청에 모두 응할 수 없었다. 독지가를 찾지 못해 고심하던 어느 날, 마침 비가 오고 있었는데, 한 낯선 신사가 감독을 찾아와 감독과 대화하던 중 한국의 공주읍교회 사정을 듣고는 상당한 액수의 선교 헌금을 내놓았다. (《공주교회 역사》, 1930.)

감독은 거금을 내놓은 그 신사의 이름을 알고자 했다. 그러면 한국에 그의 이름을 딴 예배당 건물이 세워질 것이기 때문이다. 초기 한국 교회 예배당은 대부분 기부자의 이름을 따서 지었다. 서울 상동교회가 '미드 메모리얼 회당'(Mead Memorrial Chapel), 중앙교회가 '가우처 회당'(Goucher Chapel), 동대문 교회가 '볼드윈 회당'(Baldwin Chapel), 종교교회가 '루이스워커 회당'(Louis Walker Chapel)으로 불린 것이 대표적이다. 일제시대 선교사들이 경영하던 '피어선 성경학원'(Pierson Bible School)이나 '세브란스 병원'(Severance Hospital)도 설립 기금을 대 준 기부자의 이름을 따서 지은 것이다.

그러므로 감독이 그 신사의 이름을 알려고 한 것은 당연했다. 그러나 그는 이름 밝히기를 거부했다.

"오른손이 하는 일을 왼손이 모르게 하는 것이 그리스도의 법이지요."

그는 끝내 이름을 밝히지 않고 돌아갔다. 결국 감독은 그 돈을 공주읍교회에 보내면서 "'옆구리에 우산을 끼고 온 사람'이 놓고 갔다"고만 알려 주었다. 그래서 공주읍교회 교인들은 그 '익명의' 기부자를 '낄 협'(挾) 자에 '우산 산'(傘) 자를 써서 '협산자'(挾傘者)라 했고, 공주읍교회 예배당은 '협산자 예배당'으로 불렀다. 이렇듯, 지상에 그 흔적을 남기지 않은 이런 '익명인'들의 이름이야말로 하늘의 생명책에 기록되지 않을까?

부인의 약속을 지킨 남편의 신앙

'협산자 예배당'을 마련한 후 공주읍교회는 교인이 계속 늘어나 주일예배를 2부로 드려야 했고 1915-16년에 다시 한 번 대대적인 부흥운동이 일어나 교인수가 5백 명을 넘었다. 결국 교회는 시내 한복판, 봉황동에 2층짜리 붉은 벽돌 예배당을 마련하고 옮겨 갔다(1930년). 이후 '협산자 예배당' 건물은 영명여학교로 넘어갔다가 1960년대 '새마을 경제개발 시대'에 허물어져 사라졌다. 그러나 1930년에 지은 벽돌 예배당은 다행히 살아남아 지금도 사용하고 있다. 한국전쟁 때 반 이상 파괴되고, 이후 재건하고 여러 차례 증축하고 수리하면서 처음 모습과 많이 달라졌지만 남아 있는 것만으로도 고맙다.

그런데 이 교회 마당 구석에 고풍스런 '공덕비' 하나가 서 있다. 일제시대 이 교회 교인이던 양두현(梁斗鉉)·지루두(池婁斗) 부부를 기념하여 1939년에 세운 비석이다. 공주제일교회 박우동 원로장로가 들려주는 비석 주인공들의 이야기 또한 감동적이다.

"두 분은 우리 교회 초대 교인들이었는데 재물에 여유가 있었고 특히 지루두 부인의 믿음이 대단했답니다. 1920년대 미국 경제공황으로 선교비가 줄어들고, 우리나라도 경제난이 겹쳐 교회 살림이 어렵게 되어 목사 생활비도 제때 줄 수 없는 지경까지 되었답니다. 그런 사정을 들은 지루두 부인은 자기 소유로 있는 토지를 교회에 바칠 생각을 하고 있었는데 1923년 갑자기 세상을 떠났습니다. 양두현 씨는 부인 장례를 마친 후 부인의 뜻에 따라 부인 소유 토지뿐 아니라 그보다 더 많은 자기 땅을 교회에 바쳤는데, 이들 부부가 바친 토지에서 매년 도조(賭租)로 쌀 70석이 나와 일제 말기 그 어려웠던 시절에도 우리 교회 교역자들은 안심하고 목회에 전념할 수 있었지요."

부인도 부인이지만 남편도 대단했다. 부부끼리만 알고 있던 비밀의 약속을 부인 사후에 그대로 지켰을 뿐 아니라 부인 몫의 몇 배나 되는 자기 땅을 바쳐 교회 재정을 안정 기반 위에 올려놓은 것이다. 그때 이들 부부가 바친 땅이 논 1만 8천여 평, 밭 2천7백여 평에 달했다. 그뿐 아니다. 이들 부부의 신앙에 자극을 받은 교인들이 앞을 다투어 땅을 기증했는데 '과부 교인' 홍루두가 논 8천 평과 밭 8천 평을 바쳤고 '양반 교인' 황하명이 기름진 땅 10두락을 바쳤다. 일제시대 공주읍교회 소유로 법인에 등록된 땅이 4만 3천여 평에 이르렀으니, 이는 모두 교인들이 '기쁨으로' 바친 헌신의 재물이었다. 교회 뜰에 서 있는 기념비는 이런 초대교회 교인들의 아름다운 신앙 전통을 말없이 증언하고 있다.

◐ 초가로 지어진 공주읍교회 처음 예배당
아래 사진은 1930년대 지은 벽돌 예배당이다.

하늘에 보물 쌓기

교인들의 '땅 바치기'는 공주읍교회 모습만은 아니었다. 이는 전국적인 현상이었다. 일제시대 교회가 재정적으로 어려움을 겪게 되자 '신심(信心) 깊은' 교인들이 교회에 땅을 바쳐 자립 기반을 삼는 운동을 벌였는데, 과부 교인들이 땅을 바치는 경우가 많았다. 그렇게 해서 바친 땅을 교회가 관리하며 기증자가 살아 있는 동안은 교회가 그의 생활을 책임졌다. 혈육이 없는 과부 교인은 살아 있는 동안 생활 걱정을 하지 않아 좋고 죽은 후에도 자기 재물이 선한 곳에 사용될 것이니 천국 가서도 기쁠 일이었다.

강화도에서는 부모 장례를 치른 자식이 넘겨받은 유산의 십일조를 교회에 바치는 것이 불문율처럼 되어 있었다. 그러니 장례식을 치를 때마다 교회 재산은 늘어나게 되었다. 그런 식으로 일제시대 교회는 경제난을 극복하였고, 목회자들은 선한 '하늘나라 사업'을 계속 할 수 있었다. 재물을 땅이 아니라 하늘에 쌓으려는 초대 교인들의 아름다운 '기부 문화'가 빚어낸 역사였다.

> **너희 소유를 팔아 구제하여 낡아지지 아니하는 배낭을 만들라 곧 하늘에 둔 바 다함이 없는 보물이니 거기는 도둑도 가까이 하는 일이 없고 좀도 먹는 일이 없느니라** ○누가복음 12장 33절

Ⅲ. 복음으로 변화된 사람들

열 번째 이야기

한국의 최초 목사는 머슴 출신이었다

하나님께서 세상의 미련한 것들을 택하사 지혜 있는 자들을 부끄럽게 하려 하시고 세상의 약한 것들을 택하사 강한 것들을 부끄럽게 하려 하시며 하나님께서 세상의 천한 것들과 멸시받는 것들과 없는 것들을 택하사 있는 것들을 폐하려 하시나니 ○고린도전서 1장 27-28절

1901년 5월 14일, 우리나라에서 처음으로 목사가 나왔다. 서울 정동교회에서 개최된 미감리회 조선 선교회 연례회에서 '집사 목사'(오늘의 준회원 목사에 해당) 안수를 받은 김창식과 김기범이 그 주인공들이다. 둘 중에서도 먼저 안수를 받은 김창식은 선교사들에게 '조선의 바울'이란 칭호를 받았던 한국 개신교 개척시대의 전설적인 전도인이다. 그런데 선교사들이 그의 이름을 영문으로 표기할 때 'Kim Changsiki(y)'라고 하는 경우를 종종 보게 되는데, 그대로 음역하면 '김창식이'가 된다. 유독 영문이름 뒤에 '이'(i, y)가 따라 붙은 데는 나름대로 이유가 있었다.

선교사 집에 위장 취업

황해도 수안에서 가난한 농부의 아들로 태어난 김창식은 철들면서 농촌생활에 더 이상 희망이 없음을 알고 열다섯 살 되던 해, 갈 곳을 모른 채 무작정 '본토 친척 아비의 집을 떠났다'(창 12:1). 집안 식구들 몰래 가출한 것이다. '가진 것도 없고, 배운 것도 없었던' 그가 할 수 있는 일이라곤 남의 집 머슴살이나 마부, 지게꾼, 장돌뱅이 같은 '밑바닥' 일이었다. 그렇게 15년 동안 전국 팔도 아니 가 본 데 없을 정도로 떠돌아다니다가, 당시 총각 나이로는 '환갑'에 해당하는 스물아홉에 박씨 성을 가진 여인과 결혼하고 서울 남대문 안에 비로소 정착했다. 하지만 그것도 오래가지 못했다. 서울 장안에 떠돌던 흉흉한 소문 때문이었다.

"서양 사람들이 조선 아이들을 데려다 지하실에 가두어 놓고 하나씩 잡아먹는다더라."

"예쁜 애들은 밤에 끼고 자고, 싫증나면 자기 나라에 노예로 팔아 넘긴다더라."

이 소문의 발단은 이렇다. 1888년 여름, 3년 전 서울에 들어온 선교사들이 학교를 세우고 고아와 가난한 집 아이들을 데려다 가르치면서 본격적으로 선교활동을 전개할 무렵이었다. 이를 시기한 수구파에서 선교를 방해하려는 목적에서 '헛소문'을 퍼뜨린 것이다. 흥분한 사람들이 소문의 진위도 확인하지 않은 채, 선교사들이 운영하는 학교와 병원에 난입하여 때려 부셨다. 그 바람에 학교와 병원은 문을 닫았고 1년 전에 시작된 종교집회도 중단하였다. 선교가 중단될 절대 위기였다. 이를 '영아소동'(baby riot)이라 한다.

결혼하여 남대문 안에 살고 있던 김창식도 그 소문을 듣고 흥분했다. 그는 소문의 진상을 파악하고자 선교사들이 조선 아이를 '잡는' 현장을 잡아야겠다고 생각했다. 그러고는 이를 위해 선교사 집에 들어가기로 결심했다. 마침 조선에 나온 지 얼마 안 된 올링거(F. Ohlinger) 선교사가 사람을 구하고 있었기에 김창식은 그 집으로 들어가 '행랑아범'이라 불리는 하인으로 출발했다. 그 일은 이미 몸에 익숙한 것이기도 했지만 선교사들의 만행 현장을 잡기 위해 '위장 취업'한 일자리이기에 목적을 이룰 때까지는 성실하게 일을 해야 했다.

평양이 '조선의 예루살렘'이 되기까지

올링거는 성실하게 일하는 김창식을 '요리사'로 승진(?)시켰다. 이젠 주인 집의 내실까지 들어가 볼 수 있는 기회를 얻었다. 그는 더욱 예리한 눈길로 선교사 가족의 일거수일투족을 감시하였다. 그런데 그가 기대(?)했던 만행은 볼 수 없었다. 선교사 가족들은 오히려 정반대로 그를 정중하고 예절 바르게 대해 주었다. 올링거 선교사는 물론이고 그의 친구 선교사들은 나랏님(고종)과 자주 만난다는데, 하인에 불과한 그에게 보내는 눈길과 손길이 따뜻하기만 했다. 하인을 인간 취급도 하지 않는 조선 양반들과는 질적으로 달랐다. 그는 종종 자신과 같은 밑바닥 사람에게 '인간 대접'을 해 주는 선교사들에게 감동했다. 그리고 그들의 종교에 관심을 갖기 시작했다. 김창식은 마침내 개종을 결심하고 올링거에게 세례를 받았다. 위장 취업해 들어간 지 2년 만이었다.

세례 받은 후 그는 전도 일에 나섰다. 1893년 의료 선교사 홀(W. J. Hall)과 짝이 되어 평양에 내려가 선교지를 개척하였다. 보수적인 평양에서는 선교사가 전면에 나서 일할 수 없는 형편이기에 김창식이 나서서 서문 밖에 선교사 사택과 병원, 학교, 교회 자리를 마련하였다. 그 일로 그는 평양 사람들의 주목을 받았다.

당시 평양 관찰사로 내려 와 있던 민병석은 선교사와 기독교를 아주 싫어했던 수구파 인사였다. 1894년 여름, 그는 평양에 기독교가 확산되는 것을 막으려고 기독교도 체포령을 내렸다. 그때 김창식을 비롯해 평양의 감리교인과 장로교인 10여 명이 투옥되었다. 민병석은 이들에게 배교를 강요하며 매질을 가하는 한편, 뒤로는 선교사에게 사람을 보내 석방 대가로 돈을 요구했다. 이것이 유명한 '평양 기독교도 박해사건'이다. 평양판 '영아소동'이라 할 수 있다.

사건이 터지자 홀은 서울에 있는 미국 공사관에 이 사실을 알렸다. 공사관에서는 조선 정부 외부(外部)에 항의하였고, 외부에서 내부(內部)에 석방을 요구하고, 내부에서 관찰사에게 석방을 명령함으로 사건은 일주일 만에 해결되었다. 그러나 배교를 거부한 김창식은 심한 매를 맞고 '거지반 시체가 되어'(행 14:19) 실려 나왔다. 며칠 후 관찰사는 선교사를 찾아가 배상금을 물어야 했고 얼마 후 좌천되었다.

이 사건을 계기로 평양 주민들은 "나는 새도 떨어뜨린다"는 평양 관찰사의 위세도 선교사와 기독교인에게는 통하지 않는다는 사실을 알게 되었다. 그들 보기에 기독교는 '치외법권적' 힘의 종교였다.

이 사건 직후 청일전쟁이 일어났다. 평양은 청국군과 일본군의 주전장(主戰場)이었다. 그 와중에 피난 가는 많은 이들이 교회에 짐을 맡기고 떠났다. 십자기가 달린 교회는 양쪽 군대도 함부로 할 수 없는 '성역'이었기 때문이다. 전쟁 기간 내내 김창식은 교회를 떠나지 않았다. 피난 갔다 돌아와 고스란히 짐을 돌려받은 평양 주민들의 교회를 보는 눈이 달라졌음은 물론이다.

전쟁 후엔 전염병이 돌게 마련이다. 전쟁이 휩쓸고 지나간 평양에도 전염병이 창궐했다. 홀과 김창식은 제 몸은 돌보지 않고 환자들을 돌보았다. 그러다가 홀이 그 병에 걸렸는데, 결국 회생하지 못하고 그해 겨울에 별세하고 말았다. 이에 평양 사람들은 감동하였다. 이런 헌신과 희생이 선교의 거름이 되어 훗날 평양이 '조선의 예루살렘'으로 불리게 된 것이다.

낮은 자리, 밑바닥 목회

김창식은 계속 전도하면서 신학회에 들어가 정식 목회자 수업을 받은 후 1901년 우리나라 최초의 목사로 안수를 받았다. 그리고 1924년 정년 은퇴하기까지 영변, 수원, 해주 지방을 돌아다니며 125개의 교회를 개척하고 48군데 예배당을 건축하였다. 선교사들은 그런 그에게 '조선의 바울'이라는 명칭을 붙여 주었다. 그는 한곳에 머물러 장기 목회하는 스타일이 아니었다. 감리교 특유의 '순행'(巡行) 목회자였다. 열다섯 살에 집을 떠나 유랑생활을 하면서 얻은 길 지식이 목회에 도움이 된 것은 물론이다. 또한 어려서부터 몸에 익숙한 '밑바닥' 생활 경험은 고행과 같은 농촌 목회에 큰 힘이 되었다. 머슴이었다가 한국 최초 목사가 되는 신분의 수직 상승을 경험하였지만 그는 마지막 순간까지 '낮은 자'의 겸손과 순종을 잃지 않았다.

그가 처음 선교사 집에 소개받아 왔을 때, 주변 사람들이 "어이, 창식이, 창식이!" 하며 그를 부르는 소리를 듣고 선교사들은 그의 이름이 '김창식이'인 것으로 착각하고 영문으로 표기할 때, 'i, y'(이) 자 하나를 더 넣었던 것이다. 김창식은 굳이 그것을 빼 달라고 하지 않았다. '낮은 자리'가 자신의 떠날 수 없는, 떠나서는 안 될 은혜의 자리인 것을 알았기 때문이다.

> **높은 데 마음을 두지 말고 도리어 낮은 데 처하며 스스로 지혜 있는 체하지 말라** ○로마서 12장 16절

◐ **마부 시절의 김창식(왼쪽)**
선교사 집에 위장 취업했던 그는 훗날 우리나라 최초의 목사가 되었다.

열한 번째 이야기
쌀 교인에서 참 교인으로

> 예수께서 대답하여 이르시되 내가 진실로 진실로 너희에게 이르노니 너희가 나를 찾는 것은 표적을 본 까닭이 아니요 떡을 먹고 배부른 까닭이로다 썩을 양식을 위하여 일하지 말고 영생하도록 있는 양식을 위하여 하라
>
> ○요한복음 6장 26-27절

예수님께서 보리떡 다섯 개와 물고기 두 마리로 (남자만) 5천 명 이상 먹이신 이적을 목격하거나 그 소문을 들은 사람들이 구름 떼처럼 몰려왔다. 그들은 예수님을 둘러싸고 그분의 일거수일투족에 환호하였다. 무리는 그를 '지도자'로 세울 작정을 한 것처럼 보였다. 제자들도 흥분했다. 이 지지 세력을 잘만 묶으면 정치적이든 종교적이든 혁명은 '식은 죽 먹기'가 될 것이 분명했다. '하나님의 나라'는 정말 눈앞에 온 것처럼 보였다.

그런데 정작 알 수 없는 것은 예수님의 행동이었다. 무리를 조직하고 훈련하기는커녕 예수님은 오히려 그들을 피해 '혼자 산으로'(요 6:15) 들

어가셨다가 추적을 받자 '바다 건너'(요 6:25) 도망치셨다. 거기까지 쫓아온 무리들을 향하여 하신 말씀은, "떡을 바라고 왔느냐? 그렇다면 잘못 찾았다. 내게 썩을 양식이 아닌 썩지 않을 양식을 구하라"(요 6:27)였다.

예나 지금이나 '썩을 양식'을 얻기 위해 교회에 나오는 사람들이 많다. 특히 선교 초기에는 가난한 사람들이 "교회 가면 먹을 걸 준다"는 말을 듣고 찾아오는 경우가 많았다. 이들은 교회에서 나누어 주는 물질에만 관심을 두었지 예배나 설교엔 관심이 없었다. 선교사들은 이런 교인을 가리켜 '쌀 교인'(rice Christian)이라 불렀다. 이런 교인들은 현실 문제를 해결하기 위해 교회에 출석하다가 문제가 (다른 것으로) 해결되거나, 반대로 (교회가) 해결해 주지 못하면 미련 없이 교회를 떠난다. 이런 '쌀 교인'이 선교나 목회에 방해 요인이 될 것은 당연하다. 그렇다고 이런 '쌀 교인'을 교회 밖으로 몰아낼 수만도 없는 노릇이다. 오히려 이런 '쌀 교인'을 '참 교인'(real Christian)으로 만드는 것이 목회가 아니던가?

'쌀 교인'의 속셈

동학혁명(1894년)으로 사회 분위기가 아주 좋지 않던 1895년 초에 전주에서 있었던 일이다. 관군의 승리로 동학군들이 퇴각하기는 했지만 혁명군들의 저항 본거지였던 전주에서 기독교 선교는 쉬운 일이 아니었다. 동학혁명이 일어나기 1년 전, 미국남장로회 선교사들이 전주에 내려와 선교를 시작할 때만 해도 '새로운 도에 관심 있는' 사람들이 수백 명 몰려들었고, 개종을 결심하고 세례를 받겠다는 이들도 열 명 가까이 되었다. 그러나 '난리'를 겪으면서 다 떨어져 나갔고 전주 양반들은 집집마다 대문에 부적처럼 '축귀양인'(逐鬼洋人) 글귀를 써 붙이고 기독교 선교에 조직적인 방해 공작을 펼쳤다. 선교사들이 다시 전주에 내려왔건만 찾아오는 사람 하나 없었다. 선교사들은 선교 중단의 위기를 느꼈다.

그런 상황에서 선교사들에게 '희망의 빛'같이 교회를 찾아 나온 사람이 있었다. 1년 전에 세례를 받기로 약속했던 장사꾼인데, 주일이 장날과 겹치지 않는 한 매주일 예배에 빠지지 않고 참석했다. 무엇보다 1백 리길을 걸어 예배에 참석하는 열성에 선교사들은 감동했다. 선교사들은 그를 두고 암울한 상황에서 "밝고도 특이한 별"(a bright and special star)이라 칭할 정도였다. 그런데 그게 오래가지 못했다. 남장로회 선교사 레이놀즈(W. D. Reynolds)의 증언이다.

> 그러나 그 빛도 오래가지 못하고 희미하게 사라지고 말았습니다. 그는 몇 주간 잘 나오더니 한 번은 우리한테 와서 10달러를 달라는 것이었습니다. 주일예배에 빠지지 않고 나온 대가를 계산해 달라는 것이었습니다. 우리 심정이 어떠했겠습니까? (《The Christian Observer》, Oct. 1895.)

선교사들은 일당을 계산해 달라는 장사꾼의 요구에 기가 막힐 뿐이었다. 초기에 교회를 찾아온 사람들 중에는 이처럼 대가를 바라고 나오는 교인들이 대부분이었다. 특히 1894-95년 동학혁명과 청일전쟁의 '난리' 가운데 교회가 생명과 재산을 보호받을 수 있는 '치외법권적' 성역인 것이 증명되면서 현실 문제를 해결하기 위해 교회에 들어오는 교인들이 늘어났다. '쌀 교인'과 '참 교인'을 구별해 내기란 쌀에서 겨를 골라내는 일만큼이나 어려웠다(마 3:12).

'계군(契群) 교인'이 '참 교인'이 되기까지

같은 무렵(1892년), 인천에서도 비슷한 일이 있었다. 당시 미감리회 선교부에서는 존스(G. H. Jones) 선교사를 인천으로 보내 선교를 시작하도록 하였으나 개종자를 얻기가 어려웠다. 인천 사람들이 좀처럼 마음 문을 열지 않았기 때문이다. 선교사를 도와 전도 일을 하던 이명숙이 "계를 만들자"는 계책을 냈다. 당시 계는 목돈 타는 것도 목적이었지만 힘없는 사람들끼리 조직을 만들어 서로 보호하는 데 더 큰 목적이 있었다. 교회에서 계를 한다니까 "외국인 선교사들이 뒤를 봐 준다"는 소문이 돌면서 세관원이나 탐관오리 등쌀에 불안해 하던 장사꾼들이 몰려왔다. 순식간에 '계군 교인' 50여 명이 생겼다. 곗날은 물론 주일이었고, 계 하는 곳도 예배당이었다. 선교사는 매주일 예배당에서 '돈'에만 관심이 있는 '계군 교인들'에게 설교하였다.

그러나 지금도 그렇지만 교회에서 하는 계가 잘 될 리가 없었다. 오래지 않아 계군 중 한 명이 돈을 챙겨 도망치자 계는 깨졌다. '계군 교인들'이 교회 출입을 끊은 것은 물론이고 교회 평판도 나빠졌다. 아니함만 못한 일이 되었다. 선교사는 인천 선교의 문이 아예 닫히는 것은 아닌지 불안했다.

그런데 예기치 않은 일이 일어났다. 계가 깨진 다음 주일, 기대하지 않았던 '계군 교인' 둘이 예배당에 나타났다. 처음엔 뜯긴 돈을 돌려 달라고 온 줄 알았다. 그러나 그게 아니었다.

"그동안 예배당에서 들은 말씀이 좋아서 왔습니다. 계속 나와도 되는지요?"

그들도 처음엔 '계군 교인'이었다. 그런데 주일마다 예배당에 와서 들은 말씀이 어느 사이엔가 그들 마음속 깊은 곳에 들어박힌 것이다. 설교를 귓등으로 들었던 다른 '계군 교인들'과 달랐다. 이들은 인천에서 얻은 첫 번째 구도자들로서 인천 내리교회의 초석이 되었다.

이 둘 중 한 명이 강화 출신 이승환이다. 인천에서 주막집을 하고 있었는데 열심히 예배에 참석했다. 존스는 그에게 세례를 받도록 권했다. 그런데 정작 그는 세례 받기를 거부했다. 이유는 두 가지였다.

"아직도 술을 파는 주막집을 하고 있으니 그것이 세례를 받지 못하는 첫째 이유요, 둘째는 세례는 천국 백성이 되는 가장 큰 축복인데 그 좋은 일을 어찌 어머님보다 먼저 받을 수 있겠는가?"

이승환은 주막을 처분하고 고향에 돌아가 어머니에게 복음을 전했다. 아들의 전도를 받고 어머니도 믿기로 했다. 그리하여 1893년 여름, 존스는 배를 타고 강화도 북쪽 해안, 이승환의 고향 마을로 갔다. 그런데 그 마을에 고집 센 양반 김 초시가 있어 서양인의 상륙을 허락지 않는 바람에 이승환은 어머니를 업고 존스의 배에 올라 밤중에 세례를 받았다. (그 후 김 초시[김상임]도 개종하고 전도사가 되었다). 이로써 강화 최초 세례 교인이 나왔고 그때부터 이승환의 고향 집에서 예배가 시작되었다. 이것이 강화 '모 교회'인 교산교회의 출발이다.

남은 자가 머릿돌이 되다

한말 정치·사회·경제·종교적으로 혼란이 극심했던 시절, 생명과 재산을 보호받기 위해, 혹은 교회나 선교사의 힘을 빌려 현실적인 문제를 해결하기 위해 '쌀 교인'들이 대거 교회로 몰려들었다. 1895년 어간에 한국 교회의 교세가 급성장을 이룩한 배경이 여기에 있다. 그러나 이렇게 들어온 '쌀 교인'들은 오래지 않아 기독교의 정체(?)를 알고 나서 실망하며 대부분 떠나갔다. 그런 가운데도 예배당을 출입하다가 자기도 모르는 사이 말씀의 씨앗이 가슴속에 박힌 사람들은 '참 교인'이 되어 토착 교회의 '머릿돌'이 되었다. 이들이 교회를 떠나지 않은 이유는 간단했다. 그것은 그리스도 교회의 머릿돌이 된 베드로의 고백과 같았다.

영생의 말씀이 주께 있사오니 우리가 누구에게로 가오리이까 ○ 요한복음 6장 68절

'쌀 교인' 대신 모인 전주 서문교회 '참 교인'들(1905년)

열두 번째 이야기
너희는 성경을 어떻게 읽느냐

> 어떤 율법교사가 일어나 예수를 시험하여 이르되 선생님 내가 무엇을 하여야 영생을 얻으리이까? 예수께서 이르시되 율법에 무엇이라 기록되었으며 네가 어떻게 읽느냐 ○누가복음 10장 25-26절

율법교사라면 '성경 박사'다. 성경을 읽고 외우고 풀이하고, 그것을 가르치는 것이 직업이다. 성직 중의 성직이다. 그런데도 그는 불안했다. 아무래도 자신은 '영생 밖에' 있는 것 같았기 때문이다. 주위에선 그를 부러워하였지만 영생 문제에 자신이 없는 자신만은 속일 수 없었다. 그래서 예수님을 찾아왔다. 그런 그에게 예수님은 언제나 그렇듯이 대답 대신 질문을 던지셨다.

"성경에 뭐라 기록되었고 너는 그것을 어떻게 읽느냐?"

문제는 성경을 읽는 방법에 있었다. 성경을 읽되 어떻게 읽느냐가 문제였다. 눈과 입으로 읽는 것이 아니라 가슴과 몸으로 읽는 말씀에 영생이

있음을 그는 알지 못했다.

십자가를 지고 천 리 길을 걸어온 사람들

1886년 겨울, 서울 정동에 있던 언더우드의 집에 낯선 손님들이 찾아왔다. 황해도 장연군 소래에서 올라온 이들이었다. 1882년 만주에서 세례를 받고 들어온 서상륜이 의주-소래-서울을 오가며 복음을 전하여 선교사들이 들어오기 전에 세례 지원자들이 생겼는데, 이들은 선교사가 자기 마을로 내려와 세례 주기를 기다렸다. 그러나 선교사들은 정부의 눈치를 보며 선뜻 지방 전도에 나서지 못했다. 그래서 기다리다 못한 그들이 서울로 올라온 것이다.

"저희에게 세례를 주십시오."

"당신들이 누구인 줄 알고 세례를 줍니까? 기독교에 대해 알고 있습니까?"

선교사와 소래 교인들 사이에 신앙 문답이 시작되었다. 그러나 소래 교인들은 이미 3년 넘게 성경을 읽으며 신앙생활을 해 왔던 터라 선교사의 질문에 막힘이 없었다. 그래도 믿기지 않는 듯 언더우드가 의심하는 눈치를 보이자 그들은 두루마기를 벗고 돌아섰다. 등에는 하나같이 나무 십자가가 묶여 있었다.

"그게 뭐요?"

"우리는 이미 오래전부터 복음을 전해 듣고 세례를 받기로 결심하였습니다. 서울에 선교사님이 오셨다는 소문을 듣고 기다리다 못해 올라오기로 했는데, 출발하기 전에 성경을 읽다가 예수님께서 예루살렘으로 올라

가시면서 제자들에게 하신 말씀, '누구든지 나를 따라 오려거든 자기를 부인하고 자기 십자가를 지고 나를 좇을 것이라'(마 16:24, 개역한글)는 구절을 읽었습니다. 성경에서 예루살렘은 곧 서울이니 우리가 서울에 올라가면서 그냥 갈 것이 아니라 '자기 십자가를 지고 나를 좇으라'는 주님의 말씀을 따르는 것이 옳다고 생각해서 각자 십자가를 만들어 지고 온 것입니다."

나무 십자가를 몸에 묶고 '천리 길'을 걸어온 소래 교인들의 소박한 믿음에 신학교를 갓 졸업하고 나온 20대 선교사가 감동할 것은 당연했다.

빚 문서를 태운 부자

강화에선 이런 일도 있었다. 1900년 강화 북부 해안 홍의 마을에 종순일(種純一)이라는 부자 교인이 있었는데 마을에서 그의 돈을 빌려다 쓰지 않은 사람이 거의 없을 정도였다. 그런 그가 성경에서 마태복음 18장에 나오는 예수님의 비유를 읽었다. 임금에게 1만 달란트 빚진 신하가 그 빚을 탕감받고 나가다가 자기에게 1백 데나리온 빚진 자를 만나 그의 빚을 탕감해 주지 않고 옥에 가두었는데, 그 사실을 안 임금이 화를 내며 그를 잡아 다시 옥에 가두었다는 내용의 말씀이었다.

'마을 부자' 종순일은 이 말씀을 읽고 며칠 동안 고민하다가, 주일 오후 예배를 마치고 자기에게 돈을 빌려 간 마을 사람들을 집으로 불러들였다. 마을 사람들은 불안한 마음으로 모였다. 종순일은 자기가 읽은 마태복음 18장 21절 이하 말씀을 들려준 후 다음과 같이 선언하였다.

"오늘 이 말씀에 나오는 악한 종이 바로 나외다. 내가 주님의 은혜로 죄 사함을 받은 것이 1만 달란트 빚 탕감받은 것보다 더 크거늘, 내가 여러분에게 돈을 빌려 주고 그 돈을 받으려 하는 것이 1백 데나리온 빚을 탕감해 주지 못한 것보다 더 악한 짓이오. 그러다 내가 천국에 가지 못할 것이 분명하니 오늘부로 여러분들에게 빌려 준 돈은 없는 것으로 하겠소."

그는 빚 문서를 꺼내 모두가 보는 앞에서 불살라 없앴다. 그 자리에 동석했던 교회 전도사가 증인이 되었다. 빚을 탕감받은 마을 사람들이 교인이 된 것은 당연하다.

이것으로 끝난 것이 아니다. 종순일은 '네 소유를 팔아 가난한 자에게 주고 나를 따르라'(마 19:21)는 말씀을 읽고 자기 재산을 처분하여 교회에 헌납했다. 교회는 그 돈으로 가난한 자들을 위한 교회 묘지를 구입했다. 또 얼마 있다가 '예수님께서 제자들을 둘씩 짝지어 각 지방과 고을에 보내셨다'(눅 10:1)는 말씀을 읽고 아내와 함께 괴나리봇짐을 메고 남쪽 길상면으로 전도여행을 떠났다. 그 후 '땅 끝'(행 1:8)을 찾아다니며 전도했다. 그는 그렇게 강화, 석모, 주문, 옹진 등지의 외딴 섬을 돌며 십수 처 교회를 개척하였고 평생 가난한 전도자로 생을 마쳤다.

종 문서를 불태운 과부

같은 무렵, 강화읍교회(지금의 강화중앙교회)에 '과부 교인' 김 씨가 있었다. 자식도 없이 혼자였지만 재물에는 여유가 있어 복섬이란 여종을 부리고 있었다. 팔십이 넘어 믿기 시작했는데 교회에 나가면서 한글을 배워 성경을 읽게 되었다. 그러던 중 마태복음 18장을 읽다가 18절에서 멈추었다.

> 진실로 너희에게 이르노니 무엇이든지 너희가 땅에서 매면 하늘에서도 매일 것이요 무엇이든지 땅에서 풀면 하늘에서도 풀리라

김 씨 부인은 이 말씀을 자신에게 적용하였다. 즉, 몸종 복섬이를 데리고 있는 것을 '매는 것'으로 풀이했던 것이다. 그는 다음 주일 교인들을 집으로 초청한 후, 복섬이를 방 안으로 불러들였다.

"성경말씀을 보니 우리 주인은 하늘에 계시고 우리는 다 같은 형제라. 어찌 내가 하나님 앞에서 주인 노릇을 할 수 있겠소? 또 내가 복섬이를 몸종으로 부리는 것이 땅에서 매는 것인즉, 그러고서 어찌 하나님의 복을 받겠는가?"

김 씨 부인은 문갑에서 복섬이의 종 문서를 꺼내고는 교인들이 보는 앞에서 불살라 버렸다.

"복섬아, 지금 이후 너는 내 종이 아니다. 너는 자유의 몸이 되었으니 내 집을 나가도 된다."

그러자 놀란 복섬이가 부인에게 매달렸다.

"마님, 그럴 수는 없습니다. 제발 나가라고 하지만 말아 주세요."

전도사의 조언을 받아들여 김 씨 부인은 눈물을 흘리며 매달리는 복섬이를 양녀로 들이기로 했다. 종에서 양녀로 신분이 바뀐(롬 8:15) 복섬이는 정성을 다해 김 씨 부인을 섬겼고 김 씨 부인 역시 늘그막에 얻은 딸로 더욱 기뻤다. 이 광경을 본 교인들의 감동 또한 컸다.

마을 사람들의 빚을 탕감해 준 종순일에 관한 기사 (대한그리스도인 회보) 1900년 6월 6일자)

몸으로 읽는 성경

이렇듯 한국 교회 초대 교인들은 성경을 '문자적으로'(in a literal sense) 읽었고 기록된 말씀대로 실천하였다.

강화에서 어떤 교인은 예수님께서 맹인을 고치실 때 했던 것처럼 침으로 진흙을 개서 맹인 눈에 바르고(요 9:6) 기적이 나타나기를 기다려 선교사들을 곤혹스럽게 만들기도 했다. 선교사들은 이 같은 '문자적' 신앙을 미신적이라며 우려했지만 우리나라 사람들은 성경을 읽으면서 받은 감동을 '문자적으로' 실천하고 뒤이어 나타날 이적에 기대를 걸었다. 이들의 '문자주의' 신앙은 입으로만 "성경은 영감으로 씌어진, 문자적으로도 정확 무오한 하나님의 말씀이다"라고 말하며 성경에 대한 이성적 해석 자체를 봉쇄하는 오늘의 근본주의 신학과는 거리가 멀었다. 우리 선조들의 성경 신앙은 억지 믿음이 아닌, 감동에 의한 실천 믿음이었다. 성경을 읽되 이해하기보다는 행하기 위해 읽었다. 그 결과 머리가 아닌 몸으로 성경을 읽는 한국 교회 특유의 소박한 신앙 전통이 수립되었다. 알기는 많이 알지만 행함이 없어 '영생 문제'로 불안해서 예수님을 찾아왔던 율법 교사에게 알려 주신 해결책도 바로 그것이었다.

네 대답이 옳도다 이를 행하라 그러면 살리라 ○누가복음 10장 28절

❈ 열세 번째 이야기 ❈

낮아지고 높아지고

> 광야에서 외치는 자의 소리가 있어 이르되 너희는 주의 길을 준비하라 그의 오실 길을 곧게 하라 모든 골짜기는 메워지고 모든 산과 작은 산이 낮아지고 굽은 것이 곧아지고 험한 길이 평탄하여질 것이요 모든 육체가 하나님의 구원하심을 보리라 ○누가복음 3장 4-6절

 복음서 기자들은 모두 예수 그리스도의 이야기를 전개하면서 도입 부분에 하나같이 세례 요한을 등장시키고 있다. 그러면서 그에게 '길 닦는 자' 즉, 굽은 길은 곧게 펴고 둔덕은 깎아서 낮추고 웅덩이는 메워서 높임으로 요철(凹凸)이 심한 길을 평탄케 하는 역할을 부여하였다.
 그래서 그런지 그리스도의 복음이 임할 때 나타나는 중요한 현상 중의 하나가 '낮은 것은 높아지고 높은 것은 낮아지는' 평준화 현상이다.

백정이 예수를 믿으면

반상(班常)의 질서가 엄격했던 19세기 말에, 천민은 양반들과 한자리에 앉을 수 없었다. 천민 중의 천민으로 불리던 백정의 경우 더욱 심했다. 아무리 나이가 많아도 어른 대접을 받지 못했고 호적조차 없어 백성 대접도 받지 못했다. 결국 백정들끼리 집단으로 촌을 이루며 살았는데 양반들에게 이런 백정 마을 사람들은 '불가촉'(不可觸, the untouchable) 경계 대상이었다.

1895년 무렵, 서울 관자골(지금의 관훈동 부근)에 있던 백정 마을에 박성춘(朴成春)이란 백정이 살고 있었다. 하루는 중병에 걸려 절망적 위기에 처했는데, 미국북장로회 선교사 무어(S. F. Moore)가 그 소식을 듣게 되었다. 자신이 운영하던 예수교 학당에 다니고 있던 그 집 아들 봉출이를 통해 사정을 알게 된 무어는 제중원(후의 세브란스 병원) 선교사 에비슨(O. R. Avison)을 데리고 관자골을 찾아갔다. 에비슨은 뛰어난 의술로 고종의 시의(侍醫)가 되어 궁궐을 출입했는데, 시의가 백정 마을에 나타난 것은 처음 있는 일이었다. 에비슨은 정성스럽게 치료하여 박성춘을 살려 냈다.

박성춘은 '은혜를 갚는 심정'으로 무어 선교사가 사역하던 교회에 나갔다. 그런데 그 교회는 양반 마을인 곤당골(지금의 소공동 롯데호텔 부근)에 있던 양반 교회였다. 그런 교회에 '백정'이 나왔으니 문제가 터질 것은 당연했다. 양반 교인들은 무어 목사에게 "어떻게 양반 교회에 백정이 나올 수 있느냐?"며 박성춘을 다른 교회로 보낼 것을 요구했다. 그러나 무어 목사는 "하나님 앞에 모든 인간이 평등하다"며 그들의 요구를 일축했고 결국 양반 교인들은 홍문수골(광교 조흥은행 본점이 있던 자리 부근)에 따로 교회를 세우고 나갔다. 이 모든 과정을 목격한 박성춘은 충격도 받았지만 오기도 생겼다. 양반들이 떠난 빈자리를 채우기 위해 서울 근교 백정 마을을 찾아다니며 전도하였다.

"백정으로 태어나 사람 대접도 못 받고 살아온 우리를 사람 대접해 주는 종교가 왔다."

'사람 대접해 주는 종교', 박성춘에게 교인이 된다는 것은 곧 인간이 되는 것을 의미하였다. 박성춘의 메시지는 그와 같은 한(恨)을 안고 살아가던 백정들에게 호소력이 있었다. 이렇게 해서 곤당골교회는 백정들과 천민들로 가득 차게 되었다. 홍문수골로 나간 양반들은 이런 곤당골교회를 보고 '첩장교회'(첩년들과 백장놈들이 다니는 교회)라며 무시했지만 곤당골교회는 계속 성장하였다. 그리고 3년 후, 교회를 합치자는 홍문수골 교인들의 제안을 받아들여 탑골(지금의 인사동)에 새 예배당을 마련하였다. 이것이 지금의 인사동 승동교회의 출발이다.

1911년 승동교회에서 처음으로 장로를 뽑을 때, 박성춘은 양반출신 후보들을 누르고 초대 장로로 선출되었다. 그는 내친김에 정부를 상대로 백정 차별정책 철폐 탄원운동을 전개하여 '백정 해방운동가'로 일약 유명인사가 되었다. 1898년 10월 독립협회가 주관한 만민공동회에 시민 대표로 나가 양반과 정부 관료들 앞에서 '충군애국'(忠君愛國)에 관하여 일장 연설을 한 것도 그의 출세(?)를 반영한 것이다.

이처럼 복음은 민중 계층에게 '인간화'(人間化)로 해석되었다. 이들은 자신들이 하나님의 고귀한 피조물로서 어느 누구에게도 지배받아서는 안 될 천부의 인권 소유자인 것을 복음을 통해 깨달았다. 이들에게 복음은 상승(上乘, upward) 체험의 감각으로 연결되었다. 세리라는 직업 때문에 주변인들에게 사람 대접을 받지 못했던 여리고의 삭개오가 주님에게서 '이 사람도 아브라함의 자손이다'(눅 19:9)라는 선언을 들었을 때 느꼈던 감격, 바로 그것이었다.

양반이 예수를 믿으면

일제시대 한국 기독교를 대표했던 양심적 민족주의 신앙인 월남(月南) 이상재(李商在)의 경우는 정반대다. 일찍이 정치에 뜻을 두고 개화파 지도자 박정양의 문하에 들어간 이상재는 출세의 길을 달려, 1894년 무렵에는 승정원 우부승지, 경연관 참찬관 벼슬을 얻어 고종에게 직언할 수 있는 정3품 당상관 자리에까지 올랐다. 그는 박정양을 수행하여 1881년 일본, 1887년 미국을 방문한 적이 있어 서구 문명에 대해 어느 정도 열린 자세였으나 유교 정신만은 지켜야 한다는 수구적 입장을 취하고 있었다. 그래서 1896년 미국에서 기독교인이 되어 돌아온 서재필과 윤치호가 독립협회라는 정치적 시민단체를 결성하였을 때, 부회장으로 참여는 하면서도 집회 때마다 기도와 찬송을 불러 독립협회를 기독교적 시민운동으로 전개하려는 서재필이나 윤치호의 시도를 봉쇄하였다.

그랬던 그가 1902년 보수파가 꾸민 정치적 음모사건에 휘말려 아들과 함께 감옥에 갇히게 되었다. 감옥은 독립협회 해산(1899년) 이후 자신과 같은 처지로 갇힌 정치범들로 가득 차 있었다. 이승만·신흥우·김정식·유성준·홍재기·안국선·김 린 등 하나같이 양반 소리를 듣던 개화파 인사들이었다. 이상재는 자신을 무고(誣告)한 보수파 인사들에 대한 증오와 복수심으로 세상이 변하기만 기다렸다. 그러나 투옥 기간이 2년을 넘자 절망과 불안이 그를 감쌌다.

그 무렵, 감옥에는 도서실이 마련되어 선교사들이 넣어 준 기독교 서적들이 비치되어 있었다. 처음엔 그런 책들을 거들떠보지도 않던 이상재였지만 차차 세월이 지나면서 빌려 읽기 시작했다. 1887년 미국에 갔을 때 통역으로 왔던 중국 공사관 직원에게서 선물로 받은 성경을 읽다가 "요망한 책"이라며 던져 버렸던 그가 감옥 안에서 다시 성경을 펼친 것이다. 상황이 바뀌니 느낌도 달라졌다.

그러던 어느 날, 비몽사몽 간에 '위대한 임금의 사자'가 그에게 나타나 호통을 쳤다.

"내가 네게 믿을 수 있는 기회를 두 번 주었거늘 그때마다 거절하였다. 그래도 네 생명을 보전하여 이곳에 두었고 이번이 마지막으로 너와 네 민족이 진보할 수 있는 기회를 다시 주노라."

꿈을 꾸고 난 후 이상재는 두려운 마음으로 성경을 읽었다. 그는 유교의 가르침만 진리라고 생각하여 성경을 무시했던 자신이 부끄러웠다. 그러면서 지금까지 자신이 지어 온 죄를 '통회자복'하였다. '말로 표현할 수 없는 영광에 가득 찬 진리' 안에서 '하나님이 함께하심'으로 오는 감격의 체험이 뒤따랐다. 유학자, 벼슬한 자의 교만과 증오 대신 그리스도의 겸비와 사랑에 사로잡혔다.

이런 개종 체험은 같은 감옥에 있던 다른 정치범들에게도 동시다발적으로 나타났다. 감옥 안에서 예수를 만난 이들 정치범들은 1904년 어간에 모두 출옥하여 새로 만든 황성기독교청년회(YMCA)를 통해 '그리스도의 정신으로 민중 속에서 민중을 섬기는' 새로운 차원의 사회운동을 전개하였다. 이들 양반 출신 정치범들에게 예수 체험은 기득권을 포기하고 자신을 비우는 겸비 체험(빌 2:6-7)이었다. 곧 세상으로 내려오신 그리스도의 하강(下降, downward) 체험이었다.

복음 안에서 만난 양반과 민중

이처럼 기독교 복음이 우리나라에 처음 들어왔을 때, 당시 양반과 민중 계층은 함께 자리할 수 없는, 갈등과 반목의 관계였다. 이들은 태어나면서부터 눈높이가 달랐다. 그러나 예수 체험을 통해 바뀌었다. 민중 계층은 그리스도 안에서 자신이 '하나님의 아들'임을 깨달았고, 양반은 그리스도 안에서 자신이 '사람의 아들'임을 깨달았다. 민중은 높아졌고 양반은 낮아졌다. 평준화가 이루어진 것이다. 그리고 복음 안에서 두 계층이 만났다.

하나님의 나라는 가진 자와 가지지 못한 자의 갈등을 해소하는 것으로 임한다. 그 나라는 가진 자들이 먼저 그리스도 안에서 비움과 나눔으로 성취된다. 가진 자가 자기 것을 가지지 못한 자와 함께 나눌 때, 둘은 마음과 물질에서 하나가 되기 때문이다.

옷 두 벌 있는 자는 옷 없는 자에게 나눠 줄 것이요 먹을 것이 있는 자도 그렇게 할 것이라 ○누가복음 3장 11절

🟢 **이상재**
감옥에서 예수 체험을 한 그는 그리스도의
정신으로 민중을 섬기는 자가 되었다.

🟢 이상재(앞줄 중앙)가 인도하던 황성기독교청년회 성경반

IV. 이 땅에 뿌리내리는 복음

열네 번째 이야기
네 이름이 무엇이냐

> 그 사람이 그에게 이르되 네 이름이 무엇이냐 그가 이르되 야곱이니이다 그가 이르되 네 이름을 다시는 야곱이라 부를 것이 아니요 이스라엘이라 부를 것이니 이는 네가 하나님과 및 사람들과 겨루어 이겼음이니라 ○창세기 32장 27-28절

야곱의 이름이 바뀌었다. 단순히 호칭이 바뀐 것이 아니다. 삶의 자세와 질이 바뀌었다. 자신의 앞길을 방해한다고 생각되는 사람들의 '발뒤꿈치'(야쿱)를 잡아채며 살았던 그가, 이제는 하나님의 위대한 승리를 위해 자신을 희생하는 사람으로 변하였다.

이처럼 성경에서 개명(改名)은 하나님을 만나면서 바뀌고 변화된 삶을 상징한다. 신약에서도 베드로가 된 시몬(마 16:18), 바나바가 된 요셉(행 4:36), 바울이 된 사울(행 13:9)처럼 이름이 바뀐 인물들을 종종 만나게 된다. 개신교는 그 전통을 버렸지만 천주교인들이 세례를 받으면서 '세례명'을 쓰는 전통도 여기에서 비롯된 것이다.

그런데 한국 개신교 초기 역사에서 이처럼 이름을 바꾼 사람들을 발견하게 된다. 하나같이 예수를 믿고 그 삶이 바뀐 사람들이다.

강화 교인들의 '돌림자' 개명

1890년대 후반, 강화도 북단 홍의 마을에 복음이 들어왔다. 그 마을 훈장으로 있던 박능일이 먼저 복음을 받아들이고 서당을 예배당으로 삼아 교회를 시작하자 그 마을 사람들이 '훈장님 말씀 따라' 예수를 믿기 시작했다. 그때 처음 믿은 사람들이 세례를 받으면서 이름을 바꾸었다.

"우리가 예수 믿고 교인이 된 것은 옛사람이 죽고 새사람이 되었음을 의미한다. 새로 태어난 아기에게 이름을 지어 주듯 거듭난 우리가 새 이름을 갖는 것은 당연하다."

여기까지는 신앙적으로 천주교회와 같은 맥락이다. 그러나 강화 교인들은 이름을 바꾸면서 '베네딕토', '프란체스코', '베로니카'처럼 천주교식으로 서양식 이름을 쓰거나, '모세'나 '요한', '라헬' 같은 성경 이름을 따르지 않고 한국의 전통 작명법을 따라, 그것도 '돌림자' 전통으로 개명했다.

"우리가 비록 집안은 다르지만 한날 한시에 세례를 받아 한 형제가 되었다. 그리고 우리가 이 마을에서 처음 믿었으니 모두 한 '일'(一) 자를 돌림자로 하여 이름을 바꾸자."

성(姓)이야 조상에게 물려받은 것이니 바꿀 수 없고 마지막 자는 한 '일'자로 통일하기로 했으니 가운데 자만 정하면 되었다. 이들은 믿을

'신'(信), 사랑 '애'(愛), 능력 '능'(能), 은혜 '은'(恩), 은혜 '혜'(惠), 충성 '충'(忠), 거룩할 '성'(聖), 바랄 '희'(希), 받들 '봉'(奉), 착할 '순'(純), 하늘 '천'(天) 같은 글자들을 적은 쪽지를 주머니에 넣고 함께 기도한 후에 한 사람씩 그 쪽지를 꺼냈다. 제비뽑기를 한 것이다. '능' 자가 뽑히면 '능일', '신' 자가 뽑히면 '신일', '순' 자가 뽑히면 '순일', '애' 자가 뽑히면 '애일', '천' 자가 뽑히면 '천일'…… 이런 식이었다. 홍의교회의 박능일, 권신일, 권인일, 권문일, 권청일, 권혜일, 김경일, 김부일, 종순일, 주광일, 장양일 등이 그렇게 해서 나왔다.

이렇듯 처음 믿은 홍의 마을 교인들은 모두 이름을 바꾸었고 족보에도 새 이름으로 올렸다. 이들은 개명을 통해, 세례가 갖는 '신생'(新生)의 신학적 의미를 정확하게 파악하고 있음을 보여 주었다. 더욱이 '한날, 한시에, 처음으로, 함께, 하나가 되었다'는 의미에서 한 '일' 돌림자를 씀으로 신앙 공동체 의식을 강하게 표현하였다.

왜 강화 교인들을 '검정 개'라 했는가

세례 받고 이름을 바꾼 홍의교회 교인들은 초대교회의 '이름 바꾼' 사도들처럼 복음 전도자로 나섰다. 권신일은 아들 권혜일과 함께 강화 북쪽 교동 섬과 송가 섬(지금의 석모도)으로 가서 복음을 전했고, '마을 부자' 종순일은 개인 재산을 처분하여 교회에 헌납한 후, 강화 남쪽 길상 땅으로 가서 복음을 전했다. 홍의 마을에서 처음 예수를 믿고 서당을 교회로 꾸몄던 박능일은 강화읍으로 가서 복음을 전하였다. 이들의 노력으로 복음은 강화 전역으로 급속히 퍼져 나갔다.

　복음과 함께 '개명' 현상도 강화 전 지역으로 확산되었다. 그 결과, 강화읍교회의 김봉일·김각일·김애일·박성일·주광일·주선일·주창일·최족일·허진일, 건평교회의 정천일·정서일·정용일·정피일, 고부교회의 황양일·황영일·황충일·심국일, 망월교회의 노권일·김성일, 삼산교회의 윤정일·윤희일·김순일, 둔곡교회의 최동일·노경일, 문현교회의 이영일·이범일 등 강화 초기 역사에서 60여 명의 '일' 자 돌림 교인들을 발견할 수 있다.

　강화 북쪽 교동 섬에서는 '신'(信) 자 돌림 교인들을 발견하게 되는데, 이는 교동에 처음 복음을 전해 준 권신일(權信一)의 이름 가운데 자를 빌린 것으로 보인다. 그 결과 서한리 방(方)씨 집안에서 방달신·방합신·방도신·방족신, 서(徐)씨 집안에서 서한신·서풍신이 나왔고 인사리 황(黃)씨 집안에서 황한신·황초신·황여신·황복신, 교동읍에서 안낙신 등이 나왔다. 이외에 섬은 다르지만 검도교회의 고경신, 항포교회의 구인신, 민재교회의 황완신 등도 같은 무렵 개명했다. 이처럼 강화 교인들은 '일' 자 혹은 '신' 자 돌림으로 개명함으로 자신들의 변화된 삶과 신앙을 공개적으로 당당하게 밝혔다.

　그런데 복잡한 문제가 생겼다. 같은 집안의 아버지와 아들, 삼촌과 조카가 같은 날 세례를 받은 것이다. 예외는 없었다. 이들도 세례를 받으면서 같은 돌림자로 이름을 바꾸었다. 그 결과 부자간, 숙질간에 같은 돌림자를 쓰게 되었다. 권신일의 아들은 권충일, 조카는 권혜일이 되었고 정천일의 아들은 정서일, 김봉일의 아들은 김환일이 되었다. 믿지 않는 사람들로서는 이해할 수 없는 현상이었다. 전통적으로 돌림자는 친족간의 촌수와 항렬을 알려 주는 단서였다. 상하간의 서열이 분명하여 '윗대'의 돌림자를 '아랫대'에서 쓸 수 없었다. 그런데 그 질서가 교회에서 깨졌다. 이 부분에 대한 교인들의 의식 또한 분명했다.

"우리가 세속적으로는 부자간, 숙질간이라 할지라도 신앙적으로는 하나님의 같은 자녀일 뿐이다. 우리는 육적인 질서를 좇기보다는 영적 질서를 좇기로 했다."

이런 강화 교인들을 보고, 믿지 않는 사람들은 '검정 개'라고 손가락질했다. '검다'는 표현은 실용성을 중시한 교인들이 흰옷을 벗고 검게 물들인 옷을 입고 다녔기 때문에 붙여진 것이고 '개'라는 표현은 항렬을 무시하고 같은 돌림자를 쓰는 '무례'와 '몰상식'(?) 때문에 붙여진 것이었다. 어디 개가 예절과 촌수를 따져 흘레붙는 것 보았는가? 어느 모로 보나 아비와 자식이 같은 돌림자를 쓴 것은 패륜에 가까운 파격이었던 것이다.

토착 교회, 토착 신앙

바로 이 부분에서 초기 한국 교인들의 '토착화' 내용과 의미를 읽을 수 있다. 강화 교인들은 예수 믿은 기념으로 개명하면서 서구 기독교의 세례명 전통을 받아들이되 '서양식' 이름을 빌려 오지 않았고, 한국의 돌림자 전통을 받아들이되 부자간 숙질간에 같은 돌림자를 씀으로 봉건적 질서를 거부했다. 이들에겐 서구적인 것이든 한국적인 것이든, 무조건 배척하거나 무조건 답습하는 극단적인 행위를 지양하면서 두 전통을 조화시켜 하나의 새로운 질서와 전통으로 창조해 내는 능력이 있었다. 복음에 대한 뜨거운 열정과 전통 문화에 대한 자부심이 강했던 강화 교인들이 만들어 낸 '토착' 신앙 전통이었다. 그 결과 서구 기독교 전통과 한국 문화 전통이 '연결되면서도 구분되는'(continuus et separatus) '제3의 전통'으로서 한국 토착 기독교 문화가 탄생된 것이다.

기독교 역사는 이런 '토착 기독교 문화'의 역사이다. 그리스도의 교회는 내용과 방향에서 판이하게 달랐던 예루살렘의 유대 전통과 로마제국의 헬라 전통 사이에서 탄생했다. 이 두 전통의 경계선상에 위치한 안디옥에서, 두 전통 모두에 익숙했고 예수를 만남으로 개명을 체험한 바나바와 바울이 지도한 무리들에게 처음으로 '그리스도인'이란 칭호가 붙여진 것은 지극히 당연했다.

제자들이 안디옥에서 비로소 그리스도인이라 일컬음을 받게 되었더라

○사도행전 11장 26절

돌림자 개명을 시작한 강화 홍의 마을

열다섯 번째 이야기
태극등과 십자기

> 말씀이 육신이 되어 우리 가운데 거하시매 우리가 그의 영광을 보니 아버지의 독생자의 영광이요 은혜와 진리가 충만하더라 ○ 요한복음 1장 14절

그리스도의 성탄은 '말씀이 육신이 되는 사건', 즉 성육신 사건이다. 하늘의 말씀이 땅의 육신 안으로 침투해 들어오는 사건이다. 말씀이 씨앗이라면 육신은 토양이다. 복음의 씨앗이 각 민족, 각 지방 문화와 역사 속에 침투해 들어가 뿌리를 내리고 줄기와 잎이 생기고 꽃이 피고 열매가 맺힌다. 그 결과 '뜻이 하늘에서 이루어진 것처럼 땅에서도 이루어지고' 땅은 '하늘나라'로 변한다(마 6:10). 기독교 역사는 '하늘나라' 영토 확장의 역사다. 그러기 위해서 전도자는 쉬지 않고 말씀을 갖고 '낯선' 토양을 찾아가 뿌린다. 그럴 때마다 그 땅의 사람들은 전도자들의 '말씀 문화'에 처음에는 낯설어하지만, 만나고 접촉하는 중에 '말씀'의 진수를 발견하고 그것을 그 땅에 익숙한 '토착 언어와 문화'로 표현해 내기 시작한다. 그 결과

복음에 낯설었던 땅이 복음에 익숙한 땅으로 바뀐다. 이를 복음의 토착화라 한다. 이처럼 성육신과 토착화는 같은 말의 다른 표현이다.

복음의 선교가 이루어지는 곳에서는 어김없이 성육신과 토착화 역사가 일어난다. 한국 초대교회의 성탄절 예배도 그런 역사의 현장이었다.

'선교사 동네' 성탄절 파티

베들레헴에서 그러했듯이, 그날 한국의 성탄절은 아주 조용하게 시작되었다.

우리나라 개신교의 첫 번째 성탄절 행사는 1884년 12월 25일, 장로교 의료 선교사 알렌 부부가 선물로 모자와 넥타이, 실크 내의를 준비하고, 미국 공사관 직원인 버나드와 포크와 함께 식사하는 것으로 끝났다. 선물 교환과 저녁 만찬이 전부였다. 아펜젤러와 언더우드, 스크랜턴 등이 들어온 1885년의 성탄절도 가족끼리 선물을 교환하는 '집안 행사'로 치러졌다.

1886년 성탄절에 언더우드는 선교사와 외국인 20여 명을 집으로 초청해 처음으로 '성탄 파티'를 열었고, 그날 스크랜턴 대부인은 이화학당 학생들에게 선교사들이 만든 '성탄목'(Christmas Tree)을 나누어 주었다. 그리고 토착 교회가 설립된 1887년 성탄절부터 비로소 조선인이 참여하는 성탄절 예배가 거행되었다. 언더우드와 아펜젤러는 각자 맡은 교회에서 처음으로 우리말로 '성탄 설교'를 하였다.

선교사 동네에서 시작된 성탄절 행사는 토착민들의 호기심을 불러 일으켰고 선교사들은 이를 전도의 기회로 삼았다. 1894년 성탄절에 노블 (M. W. Noble) 부인은 마을의 부녀자들을 위한 '성탄 파티'를 준비했다. 과자를 굽고 과일을 장만한 후, 어학 선생을 통해 며칠 전부터 정동과 서대문 일대 부인들에게 '성탄절 저녁 만찬' 초청장을 돌렸다.

"과연 몇 명이나 올까?" 궁금해하기도 전에 마을 부인들이 몰려왔다. 약속시간 훨씬 전인 대낮부터 찾아와, 문 밖에 서서 추위에 떨고 있는 부인들을 두고 볼 수가 없어 노블 부인은 서둘러 '파티'를 시작했다.

그날 어린이는 세지 않고도 50명이 몰려왔으니 노블 부인의 표현대로, 조선 부인들은 거실에 '포개 앉은' 상태로 난생 처음 보는 '성탄절' 행사를 구경하였다. 노블 부인의 오르간 반주에 맞추어 부르는 버스티드(G. S. Busteed) 부인의 성탄 찬송은 그야말로 경이로웠다. 노블 부인은 어눌한 조선말로 '성탄절' 이야기를 들려주었다. 모두 처음 듣는 이야기였다. 그러고 나서 선교사 부인들이 하는 대로 따라 기도하였다. 그리고 모인 사람들에게 '서양 과자'를 나누어 주었다. 그날 노블 부인은 일기에 이렇게 적었다.

> 다과를 나누어 주었는데 가난한 이들, 이방 부인들과 어린이들이 좋아하는 모습을 보고 우리도 한없이 기뻤습니다. 씨앗이 땅에 뿌려졌다고 믿으며 주님께서 가꾸고 돌보실 줄을 믿습니다. (〈*Journal of Mattie Wilcox Noble*〉, 1892-1934, 48쪽.)

마을 사람들이 돌아간 후 노블 부인은 남편과 함께 저녁식사를 마치고 조용히 성탄절 밤을 보내려 했는데, 그때 또 한 무리의 부인들이 들이닥

쳤다. 이들이야말로 '약속' 시간에 맞춰 온 사람들이었다. 노블 부부는 부랴부랴 과자와 음식을 장만하고 오르간을 내와서 '성탄 파티'를 반복하였다. 그러나 피곤하지 않은 반복이었다. 그날 나누어 준 것은 과자만이 아니었다. 기쁨 속의 복음이었다. 노블 부인의 '성탄절 여성 파티'는 대성공이었다.

토착 교회의 '십자기'와 '태극등' 장식

선교사를 통해 복음을 접하고 믿기로 작정한 토착 교인들은 성탄절의 의미를 깨닫고 그것을 '우리 식으로' 표현하기 시작했다.

1899년 1월 4일자 〈대한크리스도인 회보〉는 인천, 강화, 부평 교인들이 1898년 성탄절을 지킨 모습에 대해 자세히 보도하였다. 먼저 인천 담방리교회(지금의 만수교회) 교인들의 성탄절 예배 모습이다.

> 성탄일에 인천 담방리교회에서 남녀 교우들이 열심히 연보한 돈이 사원 오십 전인데 처음으로 십자기를 세우고 등 삼십륙 개를 십자로 달고 회당 문 위에 태극기를 세웠으며 남녀 교우 합 오십 사인이 모였는데 전도 듣는 사람은 이백여 명이요 속장 이근방 씨가 기도하고 권사 복정채 씨가 목사 조원시(G. H. 존스 선교사) 씨를 대신하여 누가복음 이 장 일 절로 이십사 절까지 읽고 애찬을 베풀며 하나님 성자께서 이 세상에 오신 뜻을 설명하는데 남녀 교우 외 구경하는 사람들이 재미있게 듣고 하나님께 영광을 돌리더라.

다음은 강화 교항동교회(지금의 교산교회) 성탄절 모습이다.

성탄일 경축에 형제가 삼십오 인이요 자매가 삼십칠 인인데 본토 전도선생 김상림 씨가 마태복음 이 장 일 절로 십이 절까지 보니 애찬례를 베풀며 저녁예배에 태극등 삼십칠 개를 달고 형제자매와 외인까지 육칠십 명이 기쁜 마음으로 하나님의 영광을 찬송하였더라.

마지막으로 부평 굴재교회(지금의 계산중앙교회) 성탄절 광경이다.

구주님 탄일에 등불 이백오십 개를 전후좌우에 달고 십자기와 태극기를 세우고 청송 홍예문을 세우고 방포 삼성 후에 좌우에서 지포를 일시에 놓고 성기전을 올리며 교인 남녀 오십이 명이 모이매 사간 회당에 꼭 차고 팔십구 찬미를 노래하고 회중 속장 이영순 씨가 누가복음 일 장 이십륙 절부터 삼십팔 절까지 논설하고 교우들이 기쁜 마음으로 천부 전에 기도하옵고 영광을 하나님께로 돌려 보내며 성신을 받은 마음으로 간증하며 기쁜 마음으로 찬미할새 근처 여러 동네 사람들이 남녀노소 없이 구경하여 회당 문이 다 상하도록 들어오며 하는 말이 우리도 돌아오는 주일부터 다 예수를 믿겠다 하고 우리가 예전에는 구세 교회가 이렇게 옳은 줄을 몰랐더니 이제 본즉 좋은 일이로다 하고 모든 교우들이 일심으로 하나님께로 영화를 돌리더라.

찬송과 성경 봉독, 기도, 설교, 헌금, 애찬 등으로 이루어지는 성탄절 행사는 서양 교회의 '크리스마스 예배 문화'였다. 이들은 이것을 통해 그리스도 탄생의 의미를 깨닫게 되었다.

그런데 흥미로운 것은 한국 초대교회 교인들이 꾸민 성탄절 장식이다. 세 교회 모두 예배당을 장식하면서 십자기(十字旗)와 태극기(太極旗), 태극등(太極燈)을 내걸었다. 십자기가 복음을 상징한 것이라면 태극기나 태극등은 충군애국, 즉 나라 사랑을 표현한 것이다. 특히 담방리교회의 십자기 '36개'나 교항동교회의 태극등 '37개'는 당시 고종 황제의 즉위 년도를 상징한 것으로, 교인들은 예수 그리스도의 생일에 대한제국 황제의 만수무강을 위해 기도하였던 것이다.

또한 태극등이나 십자등을 다수(굴재교회는 250개나 걸었다!) 내건 것도 흥미로운 장면이다. 바로 우리나라 사람들에게 익숙한 연등(燃燈) 문화였다. 연등은 사월 초파일 불교 사찰에서 보던 흥미로운 구경거리였다. 그런데 그런 '연등'을 예배당에서 보게 된 것이다. 예배당 연등에 끌려 사람들이 몰려왔다. '문이 상하도록' 몰려온 구경꾼들은 푸른 솔가지로 장식한 홍예문(虹霓門) 좌우에 있는 '태극기'와 '십자기'를 보았다. 그리고 그 안에서 가난하고 외로운 자, 눌리고 갇힌 자와 죄인을 구원하기 위해 탄생하신 예수 그리스도의 생일을 축하하면서 국왕과 나라를 위해 기도하는 교인들을 보았다. 외인(外人)들은 성탄절을 구경하러 왔다가 기독교가 어떤 종교인지 알게 되었다. 그들은 결심하고 고백했다.

"돌아오는 주일부터 우리도 예수를 믿어야겠다. 기독교가 이렇게 옳은 것인 줄 몰랐더니 이제 본즉 좋은 종교이다."

하늘의 영광, 땅의 기쁨

이런 식으로 구경꾼, 이방인, 외인들의 마음속에 복음이 들어갔다. 이게 바로 성탄절 사건이 아닌가! 교인과 외인 사이, 기독교와 민족 사이에 있던 불신과 의심의 담이 무너지고 기쁨 가운데 하나 됨으로 평화가 이루어지는 순간이었다.

그래서 세 교회 성탄절을 취재한 〈대한크리스도인 회보〉 기사들의 맺음말은 하나였다.

"모두가 기쁜 마음으로 하나님께 영광을 돌렸더라."

첫 성탄절, 베들레헴 들판에서 목자들이 들은 천사들의 찬송도 그러했다.

> 지극히 높은 곳에서는 하나님께 영광이요 땅에서는 하나님이 기뻐하신 사람들 중에 평화로다 ○누가복음 2장 14절

🔵 **성탄절 예배 기사**
1899년 1월 4일자 《대한크리스도인 회보》에는 인천, 강화, 부평 교인들의 성탄절 예배가 자세히 보도되었다.

열여섯 번째 이야기
찢어진 휘장

> 때가 제 육시쯤 되어 해가 빛을 잃고 온 땅에 어둠이 임하여 제 구시까지 계속하며 성소의 휘장이 한가운데가 찢어지더라 예수께서 큰 소리로 불러 이르시되 아버지 내 영혼을 아버지 손에 부탁하나이다 하고 이 말씀을 하신 후 숨지시니라 ○누가복음 23장 44-45절

모든 복음서 기자들은 예수님의 십자가 사건과 성전 휘장이 찢어진 사건을 동시 사건으로 기록하고 있다. 하필이면 왜 십자가에서 예수님이 운명하시는 순간, 성전 휘장 '한가운데'가 찢어진 것일까?

휘장은 가리개이자 칸막이다. 휘장으로 구역을 나눈다. 잘 알려진 대로 예수님 당시 예루살렘 성전 안에는 여러 구역이 있었다. 제일 안쪽 깊숙한 곳에 대제사장만 들어갈 수 있는 지성소가 있고 그 바깥으로 일반 제사장이 출입할 수 있는 성소와 이스라엘 남성들이 들어갈 수 있는 성전 뜰, 이스라엘 여성들이 들어갈 수 있는 여인의 뜰, 그리고 제일 바깥에 이

방인의 뜻이 있었다. 직업과 성별, 민족에 따라 들어갈 수 있는 곳과 들어갈 수 없는 곳이 구별되었다. 그 구별과 차이를 나타내는 것이 성전 휘장이었다. 휘장 이쪽과 저쪽은 교류금지 구역이었다. 그런데 예수님의 십자가가 휘장을 찢어 놓은 것이다. 그래서 직업과 성별, 혈통이 다른 사람들이 함께 만나고 통하게 되었다. 우리나라에 들어온 복음도 같은 일을 해냈다.

휘장 세례

초기 복음 선교 과정에서 선교사들이 겪은 큰 어려움 가운데 하나는 여성 선교였다. '남녀유별'(男女有別) 전통이 유난히 강했던 한말 봉건적 사회 분위기에서 남성 선교사들이 여성을 만나기란 쉬운 일이 아니었다. 가정집 부인들은 남성 출입금지 구역인 안방을 나오지 않으려 했고, 외출할 때도 쓰개치마로 얼굴을 가리고 다녔기 때문에 복음을 쉽게 전할 수 없었다. 그리고 어렵사리 복음을 전해 믿기로 결심한 부인이 있더라도 남성들이 모이는 예배당에 나오려 하지 않았다. 결국 여성들을 위해 따로 집회장소를 마련하고 선교사 부인이나 독신 여선교사가 관리했다. 이처럼 한국 교회는 선교 초기부터 '여성 교회'를 별도로 운영하였다.

그런데 문제는 세례였다. 예수를 믿기로 결심한 부인들이 남성 선교사들에게 얼굴을 내밀고 세례 받기를 꺼려한 것이다. 1895년 이북 여성으로는 처음 세례를 받은 전삼덕(全三德)의 경우가 그러했다.

나는 세례가 어떻게 하는 것인지 모르거니와 우리나라 풍속에는 여자는 모르는 남자와 대면치 못하는 법이 있으니 어찌하여야 하리까 하고 물으니 그(스크랜턴 선교사)가 대답하기를 그러면 방 가운데 휘장을 치고 머리 하나 내놓을 만한 구멍을 낸 후에 그리로 머리만 내밀 것 같으면 물을 머리 위에 얹어 세례를 베풀겠다고 하였다. 나는 그의 가르쳐 주는 대로 하여 나의 작은 딸과 함께 처음으로 세례를 받았다. (《승리의 생활》, 1927, 9쪽.)

이것이 그 유명한 '휘장 세례'다. 방 한가운데 휘장을 쳐서 여성과 선교사가 서로 보지 못하게 하고, 휘장 가운데 머리 하나 내놓을 만한 구멍을 내서 그곳으로 내민 여성의 머리 위에 선교사가 물을 떨어뜨려 세례를 집행한 것이다. 이것이 전례가 되어 여성 세례는 한동안 이런 식으로 거행되었다.

'휘장 세례'는 분명 편법이었다. 방 한가운데 처진 휘장은 '남녀칠세부동석'을 되뇌며 남녀차별을 강조하는 봉건적 사회구조를 상징한 것이었다. 그런데 그 휘장 '한가운데' 구멍이 났다! 비록 머리 하나 나올 만한 작은 구멍이었지만 그 구멍이 의미하는 바는 실로 엄청났다. 그것은 세례 받은 여성들이 해낸 일을 보아 증명된다.

휘장 교회 안에서 이루어진 남녀 토론

앞서 언급한 대로 한국 교회는 처음부터 남·녀가 별도의 집회장소에서 예배를 드렸다. 감리교회의 경우, 1887년 최초로 세워진 서울 정동교회도 '영아소동'(1888년)을 겪고 난 후부터 남자는 아펜젤러 사택이나 배재학당에서, 여자는 스크랜턴 대부인 사택이나 이화학당에서 예배를 드렸다. 이렇게 10년 가까이 예배를 드리다가 독자적인 예배당 건물을 마련하게 되었는데, 그 동기를 만든 것이 여성들이었다. 1895년 무렵 이화학당에서 모이던 여성도들이 "한 지붕 아래, 남녀가 함께 예배드릴 수 있는 공간을 마련하자"고 발의하면서 머리카락을 잘라 건축헌금을 모으기 시작하였다(당시 머리카락은 여성들이 돈을 마련할 수 있는 유일한 방책이었다).

그러자 남자 쪽에서도 동의하며 나섰고 선교사들도 적극 후원하여 1897년 10월 지금의 정동교회 문화재 예배당을 건축하였다. 한국 개신교 최초의 서양식 예배당 건물로 기록되는 이 예배당이 마련되면서 비로소 정동교회는 10년 만에 자체 건물, 그것도 남녀가 함께 예배드릴 수 있는 넓은 공간이 생긴 것이다. 비록 예배당 한가운데 휘장을 쳐 남·녀 자리를 구별하였지만(휘장이 철거된 것은 1910년대이다), '한 지붕 아래서' 남녀가 함께 예배를 드린다는 사실만으로도 여성들에겐 감격적이었다. 당시 여성들은 남성과 같은 공간을 사용하는 것만으로도 남녀평등을 이뤘다고 인식하였다.

1897년 12월 31일, 정동교회 예배당 봉헌을 축하하는 행사로 교회 청년회 토론회가 열렸다. 토론 주제는 "여성을 교육하고 동등으로 대하는 것이 가하냐?" 였다. 청년회원들이 가(可)·부(否) 양편으로 나뉘어 토론을 벌였는데, 가 편에 서재필과 조한규, 부 편에 윤치호와 김연규가 연사로 나왔다. 아직은 여성 회원들이 연사로 나설 수 없는 상황이었다.

미국 시민권을 갖고 있던 서재필은 미국의 예를 들며 한국 여성들도 교육을 받고 사회활동에 나서야 할 것이라고 주장했다. 그런데 미국 유학을 하고 왔음에도 사상적으로 보수적이던 윤치호는 창세기 3장을 예로 들어, "인류의 타락이 어디서 비롯되었는가? 에덴동산에서 '선악을 알게 하는 나무 열매'를 따먹은 하와 때문이 아닌가?" 하며 여성 교육은 타락만 조장할 뿐이라고 주장하였다.

윤치호의 발언으로 토론 분위기가 부 편으로 기울어지자 회중석에 있던 여성 교인 한 명이 소리쳤다.

"하와가 비록 죄를 지었으나 마리아가 아니었으면 예수께서 어찌 세상에 오셔서 죄를 대속하였으리오."

"하와만 보지 말고 마리아도 보시오!"

이것이 남성들을 향한 여성의 외침이었다. 이후 토론회는 남녀 회중 사이의 난상 토론으로 이어졌다. 토론의 승패를 떠나 이날 토론회는 한국 교회사뿐 아니라 한국 근대여성사에 중요한 의미를 지닌다. 여성 교육과 남녀평등에 대한 최초 토론회였다는 점 외에 여성들이 처음으로 남성들 앞에서 '자기 의견'을 주장하였다는 점에서 더욱 그렇다.

막힌 담을 허시고

'여필종부'(女必從夫), '남존여비'(男尊女卑)의 봉건적 사회구조 속에서 여성은 일방적인 희생자였다. 단지 여성이라는 이유 하나로 가정의 중요한 결정에서 소외당했다. 남성의 불의한 요구와 결정에도 예외는 없었다. 남성들이 있는 자리에서 여성은 침묵을 강요받았다. 그런데 여성들이 입을 열었다! "여자는 교회에서 잠잠하라"(고전 14:34)는 성경구절을 공개적

'휘장 세례'의 주인공 전삼덕 부인(앞줄 중앙)
휘장 세례는 분명 편법이었다. 그러나 머리 하나 나올 만한 그 작은 구멍이 의미하는 바는 실로 엄청났다.

으로 어긴 셈이다. 그러나 그들이 침묵할 수 없었던 이유는 이 구절의 전제 조건, "모든 성도가 교회에서 함과 같이"(고전 14:33)라는 구절을 먼저 어긴 남성들에게 있었다. 교회 안의 '모든 성도'는 하나님의 임재 앞에 잠잠하여야 했다. 그런데 남성들은 특권의식을 갖고 그들만 입을 열고 여성을 동반관계가 아닌 종속관계에 두고 소유하고 지배하려 하였다. 그것은 하나님의 창조질서가 아니었다. 지배와 소유구조에 참 평화가 있을 수 없다. 갈등과 전쟁뿐이다. 이런 분쟁을 해소하고 평화를 회복하기 위해 예수님이 오셨던 것이고, 그래서 그의 십자가는 휘장을 찢고 담을 허무는 것으로 나타났다.

한국에서도 여성들이 예수님을 믿고 세례를 받으면서 그런 식의 평화 회복이 이루어졌다.

그는 우리의 화평이신지라 둘로 하나를 만드사 원수 된 것 곧 중간에 막힌 담을 자기 육체로 허시고 ○ 에베소서 2장 14절

열일곱 번째 이야기

'알지 못하는 신'에게

> 바울이 아레오바고 가운데 서서 말하되 아덴 사람들아 너희를 보니 범사에 종교심이 많도다 내가 두루 다니며 너희가 위하는 것들을 보다가 알지 못하는 신에게라고 새긴 단도 보았으니 그런즉 너희가 알지 못하고 위하는 그것을 내가 너희에게 알게 하리라 ○사도행전 17장 22-23절

종교와 철학의 도시 아테네(아덴)에 들어간 바울은 그곳 사람들이 섬기는 많은 신들 가운데 '이름 없는 신'에 눈길이 갔다. 아테네 사람들은 태양의 신, 달의 신, 바다의 신, 대지의 신, 우레의 신, 바람의 신, 심지어 포도주의 신에 이르기까지 기능별로 다양한 신들을 섬기면서도 행여나 빠진 영역이 있을까 우려하여 방어 장치로 '익명의 신'(아그노스토스 데오스, αγνωστος θεος)을 위한 제단을 설치했다. 아테네 사람들은 만신전(萬神殿, pantheon)의 여러 신들의 제단을 돌아 마지막으로 '익명의 신' 제단에 향을 피운 후에야 안심하고 신전을 나올 수 있었다.

바울은 아테네 사람들이 궁극적으로 의지하면서도 두려워하는 '이름 없는 신'의 정체를 밝혀 주는 것으로 선교의 사명을 삼았다. 우리나라 역시 기독교 복음이 처음 들어왔을 때 이와 같은 방식으로 기독교를 이해하고 받아들인 사람들이 많았다.

도사가 교인이 되기까지

한국 장로교회 초대 목사이자 일제시대 한국 교회를 대표했던 인물 가운데 한 사람인 길선주(吉善宙) 목사. 기독교인이 되기 전 그는, 도교에 심취하여 오랜 기간 선도(仙道) 수행에 전념하여 수시로 몸이 진동하며 옥피리 소리와 총 소리가 들리는 강령(降靈) 체험을 하고 초인적인 능력을 발휘하여 '도사'(道士)로 불렸던 사람이다. 웬만한 시내는 건너뛰었고 통나무 목침도 한주먹에 깨부술 정도였다. 제자도 많았다.

그 무렵(1893년) 선교사와 조선인 전도자들이 평양에 들어와 본격적으로 복음을 전하기 시작하였는데, 도교를 비롯한 동양 종교에 자부심을 갖고 있던 길선주가 이를 배척할 것은 당연했다. 그는 "새 종교를 알아오라"며 제자 김종섭을 선교사에게 보냈다. 그런데 몇 달 후 김종섭이 기독교인이 되어 돌아와서는 오히려 길선주에게 전도하는 것이 아닌가? 김종섭은 교회 신문인〈그리스도신문〉과 전도책자《이선생전》,《장원량우상론》,《천로역정》등을 길선주에게 갖다 주면서 읽어 보라 하였다. 이 책들을 읽으면서 길선주는 예수교에 대해 '닫혔던 마음'이 조금씩 열렸다. 바뀐 김종섭의 생활태도를 보고 '어쩌면 예수교가 참 도인지도 모르겠다'는 생각도 들었다. 그러나 20년 넘게 신봉해 온 선도를 버리고 새 종교로 옮겨 가기엔 불안한 마음이 들었다.

김종섭은 고민하는 길선주에게 기도해 보라고 했다. 길선주는 자신이 섬기고 있던 '삼령신군'(三靈神君)에게 "현재 세계를 지배하고 있는 예수도가 참 도인지, 거짓 도인지 알려 주옵소서" 하고 기도했다. 그러나 응답은 없었다. 김종섭이 다시 찾아왔다.

"삼령신군께 기도하니 어떠하오?"

"번민만 날 뿐이오."

"그럼 이번엔 하나님 아버지께 기도해 보시오."

"어찌 인간이 하나님을 아버지라 부를 수 있으리오?"

"그러면 아버지란 칭호는 빼고 그저 상제(上帝)님이라 부르며 그분께 기도해 보시오."

'삼령신군'에서 '상제'로 바꾸어 기도한 지 사흘째 되는 날, "예수가 참 구주인지 알려 주소서" 기도하던 중에 옥피리 소리와 총소리가 방 안에 진동하고, 공중에서 "길선주야!" 하는 소리가 세 번 들렸다. 그 순간 길선주는 자신도 모르게, "나를 사랑하시는 하나님 아버지! 나를 살려 주소서" 하고 외쳤다. 그리고 이어서 방성대곡, 회개의 기도가 터져 나왔다.

'예수교인' 길선주가 탄생하는 순간이었다. 이후 그는 '하나님의 아들'이 되어 '예수의 도'를 전하는 전도인이 되었다.

승려가 교인이 되기까지

일제시대 함경도 일대에서 전설적인 전도인으로 활약한 김계안(金桂顔)은 본래 불교 승려였다. 가난 때문에 일찍이 출가하여 승려가 되었는데 그는 절 생활보다는 명산을 찾아다니며 수도하는 것을 즐겨하였다.

한번은 민족의 성산인 백두산으로 들어가 백일기도를 마치고 하산하는데 갑자기 하늘이 어두워지고 번개와 벼락이 치면서 비가 쏟아졌다. 그는 '내가 기도를 잘못드렸나? 하늘이 노한 것은 아닌가?' 하는 두려운 마음에 사로잡혔다. 불경을 소리 내어 외우고 바랑 속의 불상을 꺼내 잡아도 불안감은 가시지 않았다. 하지만 달리 방도가 없으니 불경을 외우며 비탈길을 내려왔다. 그러던 중 빗길에 미끄러 넘어졌는데, 그 순간 자기도 모르게, "아이쿠, 하나님!" 하는 소리가 튀어나왔다.

"아니, 왜 내 입에서 하나님이 나오나? 불교 승려인 내가 부처님이나 미륵님께 도움을 받아야 하는 것이 당연하지 않나? 그런데도 하나님이 나온 것을 보면 내 마음 깊은 곳에는 부처님 대신 하나님이 계시는 것 아닌가?"

절로 돌아온 그는 불경 읽을 생각은 하지 않고 '하나님을 섬기는 참 도는 없는가?' 하는 고민에 빠져들었다. 자신이 몸담고 있는 불교도 그렇고 유교나 선도, 무교도 '참 도'에는 못 미치는 것 같았다. 이처럼 고민하다가 "얼마 전 들어온 예수교란 종교가 하나님을 믿는다고 하더라"는 동료 승려의 말을 듣고 김계안은 마을로 내려갔다.

마침 성진읍에서 멀지 않은 예동이란 곳에 교회가 있어 거기서 예수교를 믿는 교인들을 만났고, 교인들의 소개로 성진읍에 와 있던 캐나다 선

김계안이 머물렀던 원산 석왕사 승려들(1900년대)

1907년 평양 대부흥운동의 주역인 길선주 목사(가운데)와 선교사들

교사 그리어슨도 만났다. 김계안은 이들 예수교인과 선교사와 대화를 나누고 그들이 읽는 성경도 구해 읽었다. 그들의 경전은, 승려들조차 이해할 수 없는 한문투성이 불경과는 판이하게 달랐다. 아녀자들도 쉽게 이해할 수 있는 한글 성경은 읽을수록 감동을 주었다. 그리고 무엇보다 선교사와 교인들의 생활에서 느낄 수 있는 평안과 기쁨이 부러웠고, 곧 그 근원이 바로 하나님인 것을 알았다. 백두산 하산 길에 자기도 모르게 튀어나왔던 바로 그 '하나님'이었다.

이미 우리 안에 계셨던 창조주 하나님

기독교 복음은 우리나라 사람들의 종교 심성 밑바닥에 있으면서도 그 정체를 몰라 '모호하게 섬기던' 신이 누구인지를 밝혀 주었다. 기독교의 하나님은 외국에서 수입해 들여온 신이 아니라, 이미 오래전부터 우리 민족 마음속에 '익명'으로 존재하던 신이었다. '삼령신군'이 풀 수 없던 의혹을, 불상을 손에 들고도 떨칠 수 없었던 불안을 해결해 줄 수 있는 창조주 하나님이었다. 아테네 사람들이 섬기던 '알지 못하는 신'에 대한 바울의 설명이 바로 그러했다.

> 우주와 그 가운데 있는 만물을 지으신 하나님께서는 천지의 주재시니 손으로 지은 전에 계시지 아니하시고 또 무엇이 부족한 것처럼 사람의 손으로 섬김을 받으시는 것이 아니니 이는 만민에게 생명과 호흡과 만물을 친히 주시는 이심이라 ○사도행전 17장 24-25절

열여덟 번째 이야기
몽학선생

> 믿음이 오기 전에 우리가 율법 아래 매인 바 되고 계시될 믿음의 때까지 갇혔느니라 이같이 율법이 우리를 그리스도에게로 인도하는 몽학선생이 되어 우리로 하여금 믿음으로 말미암아 의롭다 함을 얻게 하려 함이니라 믿음이 온 후로는 우리가 몽학선생 아래 있지 아니하도다 ○ 갈라디아서 3장 23-25절, 개역한글

여기서 '몽학선생'(蒙學先生)으로 번역된 헬라어 '파이다고고스'(παιδαγωγός)는 본래 고대 헬라 시대 고관 집 '어린아이'(파이스, παις)를 업어 학교까지 '데려다 주는'(아고고스, αγωγός) 노예를 지칭하는 말이었다. 비록 노예 신분이지만 집과 학교를 오가는 길에 주인 집 아이의 운명과 교육을 책임지는 중요한 역할을 맡았다. 이 말은 점차 '가정교사', '기초 교육'이란 의미로 사용되었고, 소크라테스나 플라톤 같은 고대 철학자들도 자신을 '파이다고고스'라 불러 철학의 기능이 참된 깨달음의 '예비 단계'인 것을 암시했다.

바울이 유대교 율법과 그리스도 복음의 관계를 설명하면서, 자신을 가르치고 길러 준 율법을 '파이다고고스'라 한 것은 율법이 복음의 '예비 단계', '기초 교육'이 되었다는 점을 고백한 것이다. 율법은 깨닫기 전 '어린아이' 상태였던 바울을 업어 복음으로 인도하는 '파이다고고스'였다. 복음이라는 학교에 들어가 거기서 그리스도라는 선생을 만났으니 더 이상 '파이다고고스'에 연연할 필요는 없다는 것이다.

선교 초기, 성경을 한글로 번역하면서 조선인 번역자들은 '파이다고고스'를 '몽학선생'으로 번역했다. 《몽학》은 말 그대로 '어린아이 학문'이다. 서당에 들어가 처음 배우는 《천자문》이나 《동몽선습》, 《격몽요결》, 《소학》 같은 유학(儒學)의 기초 과목이다. 학습 능력에 따라 《논어》나 《대학》, 《중용》, 《맹자》, 《서경》, 《시경》, 《역경》 같은 고등과정이 포함되기도 하지만, 대체로 12세 전후 학생이 '문리'(文理)가 트면 몽학선생은 자기보다 실력이 뛰어난 다른 선생에게 학생을 소개하는 것으로 자기 역할을 마친다.

기독교 복음을 받아들인 초기 개종자들 가운데 유학에 조예가 깊었던 선비 출신들이 많았는데, 바울이 유대교 율법을 '파이다고고스'로 여겼던 것처럼, 이들 선비 출신 개종자들도 유교의 가르침을 '몽학선생'으로 이해하였다.

신석구의 '심중전'

3·1운동 민족대표 33인 중 한 명으로 독립운동에 참여하여 옥고를 치

르고, 일제 말기 신사참배를 거부하고 일제에 협력하지 않았다는 이유로 투옥되어 옥중에서 해방을 맞은 후, 1950년 평양 형무소에서 공산군에게 희생당하는 마지막 순간까지 '올곧은' 목회자의 길을 갔던 신석구(申錫九) 목사. 그는 어려서 배운 유교의 가르침을 몸소 실천했고, 젊어서는 서당 훈장으로 유학을 가르쳤던 전형적인 조선시대 선비였다. 이런 그가 나이 서른셋이 되던 해(1907년) 고향 친구 김진우에게서 전도를 받았을 때 일언지하에 거절한 것은 당연했다. 공자님 말씀만 정도(正道)로 알고 있던 그에게 '서양 귀신'[洋鬼]을 섬기는 기독교는 위험한 사도(邪道)일 뿐이었다. 감언이설에 넘어갈 그가 아니었다.

그러나 친구 김진우의 전도 역시 끈질겼다. 줄기차게 찾아와 '종교 토론'을 벌였다. 신석구는 '기독교를 배척하더라도 알고 나서 배척해야겠다'는 생각에 신약성경을 한 권 사서 읽기 시작했다. 처음엔 무슨 말인지 몰라 별 흥미를 느끼지 못했으나, 마태복음 5장 1절 이하에 나오는 '산상수훈'에서는 신선한 느낌이 들었다. 그러나 곧바로 17절에 "내가 율법이나 선지자를 폐하러 온 줄로 생각하지 말라 폐하러 온 것이 아니요 완전하게 하려 함이라"는 구절에 이르러 돌연 분노가 치밀어 올랐다.

'내가 기독교를 적대시한 것은 기독교가 우리나라에 들어와 유교를 폐하려 하기 때문인데, 우리 유교에 무슨 결함이 있다고 완전케 한다는 것인가?'

불완전한 율법을 완전케 하려고 유대 땅에 그리스도의 복음이 임한 것처럼 불완전한 유교를 완전케 하려고 우리나라에 기독교 복음이 들어왔다는 논리인 것이다. 이 대목에서 신석구는 '과연 유교는 완전한가?' '기독교와 유교, 둘 중에 어느 종교가 더 완전한가?' 하는 질문으로 고민하기 시작했다. 그는 자문자답 형태로 '심중전'(心中戰)을 전개했다.

"유교 가르침의 목적이 무엇이냐?"

"수신제가치국평천하(修身齊家治國平天下)다."

"수신제가 하였는가?"

"간혹 하였다."

"치국평천하 하였는가?"

"못 하였다."

몸을 바르게 하고 가정을 잘 다스린 선비는 간혹 있었지만, 유교를 국가 종교로 하여 5백 년 넘게 다스린 조선의 정치는 관리들의 당파 싸움과 부정부패로 물들었다. 이렇듯 나라가 존망 위기에 처했으니 어느 세월에 세계를 평정하겠는가? 조선뿐 아니라 '종이 호랑이' 신세로 전락한 유교의 종주국, 중국의 사정도 마찬가지였다.

실패한 종교, 보완할 종교

이 대목에 이르러 그는 '실패한' 유교의 현실에 눈을 뜨게 되었다. 그리고 그 실패의 원인을 찾기 시작했다.

"유교 자체의 잘못은 아니다. 유교의 가르침을 실천하지 못한 것이 문제다."

그리고 나서 주변에 '예수 믿는 사람'들을 살펴보았다. 얼마 전까지만 해도 술주정뱅이에다 싸움꾼, 게으름만 피던 사람이 예수를 믿은 지 석 달 만에 전혀 딴 사람이 되어 술도 끊고 열심히 농사지으며 전도하러 다니는 모습을 쉽게 찾아볼 수 있었다. '수신'(修身)이 된 것이다. 싸움 그칠 날 없던 집안이 평온해진 것은 물론이다. '제가'(齊家)를 이룬 것이다. 그리고 '예수교'를 전하러 조선에까지 와서 전도하는 선교사들의 나라를 보면 미국과 영국, 캐나다와 호주 등 하나같이 강대국들이 아닌가? '치국'(治國)을 잘한 결과다. 지금 이런 기독교 국가들이 전 세계를 호령하고 있으니 '평천하'(平天下)를 이룬 셈이다. 결국 공자 가르침의 핵심인 '수신제가치국평천하'를 이룬 것은 유교가 아니라 기독교라는 결론에 이르게 되었다.

"여기 수레바퀴 둘이 있는데, 하나는 잘 굴러가고 다른 하나는 아무리 끌어도 굴러가지 않는다. 이런 경우 수레바퀴가 문제인가, 끄는 사람이 문제인가. 기독교는 다 버린 사람도 들어가면 곧바로 새사람이 되는데, 유교는 어려서부터 배워도 평생 아니 된다면 유교 자체에 문제가 있는 것 아닌가?"

여기서 신석구의 심중전은 막바지에 이르렀다.

"유교에서 사람 되게 하지 못한 것을 예수교에서 사람 되게 하였으니 무슨 묘리(妙理)가 있다. 어느 종교든 막론하고 사람 되게 하는 것이 참된 도가 아닌가? 가령 지금 공자님이 계셔 자기가 아무리 가르쳐도 아니 되는 사람이 다른 선생에게 가서 사람이 된다면 즐겨 그리로 보낼 것이다. 만일 다른 선생에게 간다고 시기한다면 공자님이 아닐 것이다."

'사람 만들기'라는 공자의 가르침을 실패한 유교의 한계는 분명했다. 그 불완전한 것을 완전케 한 것이 예수의 가르침이었다. 그런 의미에서 공자는 '몽학선생'이었고 예수는 '완전한 교사'였다. 공자의 가르침을 실천하기 위해, 유교를 완전케 하기 위해서라도 기독교로 들어가야만 했다. 유교에 대한 자부심으로 가득 찼던 신석구의 개종은 이렇게 이루어졌다. 공자를 통해 예수를 만난 것이다.

포괄적 성취론

신석구 목사뿐 아니다. 한국인 최초의 신학자로 일컬어지는 최병헌 목사를 비롯하여 장락도, 김진호, 김용하, 김상림, 장석초, 양전백, 한석진, 길선주 등 선비 출신의 개종 1세대들은 유교나 다른 토착 종교의 부족한 부분을 보완하고 완성할 종교로 기독교를 만나 개종하기에 이르렀다. 토착 종교나 타종교를 처음부터 부정하고 대화조차 거부하는 폐쇄적 배타주의(exclusivism)가 아닌, 어느 정도 타종교의 진리성은 인정하면서도 그 종교의 한계를 지적하며 그것을 완성할 종교로 기독교를 소개하는 포괄주의(inclusivism) 성취론 입장이었다.

감리교협성신학교(지금의 감리교신학대학) 재학 시절 신석구 목사가 쓴 논문, "신(信)으로 득구(得救)하는 도리를 논함"에 이런 대목이 나온다.

> 단언(斷言)컨대 타교(他敎)는 인(人)으로 하여금 죄를 각(覺)케 하야 예수께로 소개하는 몽학선생이요 예수는 인(人)을 죄에서 구원하시는 진도(眞道)이니…….

조선에 '참 도'가 왔으니 그동안 우리 민족의 '몽학선생' 역할을 하던 유교는 이제 '교사'의 직책을 기독교에 넘겨 주고 은퇴할 때가 되었다는 말이다. 유대교 율법만 고집하고 그리스도의 복음을 거부하는 '유대주의자'들에게 바울이 한 말과 똑같다.

> 율법의 행위로 그의 앞에 의롭다 하심을 얻을 육체가 없나니 율법으로는 죄를 깨달음이니라 이제는 율법 외에 하나님의 한 의가 나타났으니 율법과 선지자들에게 증거를 받은 것이라 ○로마서 3장 20-21절

신석구 목사
조선 선비였던 그는 유학을 몽학선생 삼아 기독교로 개종하였다.

V. 초기 부흥운동 이야기

열아홉 번째 이야기
회개와 양심전

> 요한이 잡힌 후 예수께서 갈릴리에 오셔서 하나님의 복음을 전파하여 이르시되 때가 찼고 하나님의 나라가 가까이 왔으니 회개하고 복음을 믿으라 하시니라 ○마가복음 1장 14-15절

세례 요한도 그러했고, 예수님도 그러했다. 공생애를 시작하며 외친 첫 번째 메시지의 주제는 '회개'였다. 세례 요한은 요단강에서 '회개의 세례'를 베풀었고 예수님도 요단강에서 세례를 받음으로 세상에 자신을 드러내셨다. 이후 회개는 그리스도를 믿고 따르는 모든 이들의 첫 번째 관문이 되었다. 회개는 중생을 거쳐 성화(聖化)에 이르는 신앙의 출발점이다. 회개 없이 중생은 이루어질 수 없고, 중생 없는 성화는 위선일 뿐이다.

그런데 참으로 하기 어려운 것이 회개다. 회개의 문턱에 도사리고 있는 자존심과 수치심 때문이다. 체면과 명예를 잃을지도 모른다는 두려움도

큰 장애물이다. 우리 힘으로는 이것을 이길 수 없다. 그래서 회개 과정에 성령의 역할이 절대적이다. 성령의 도우심으로 일단 회개의 문턱만 넘으면 평안과 기쁨의 은총이 우리를 반긴다. 성령의 역사가 강하게 일어나는 부흥회의 주제가 회개일 수밖에 없는 이유도 여기에 있다.

1903년 8월 원산에서 일어났던 부흥운동이 그러했다.

목사의 눈물, 교인의 회개

13년차 '고참' 선교사 하디(R. A. Hardie)의 고민은 깊어만 갔다. 원산을 거점으로 강원도 북부 선교를 담당한 지 3년이 지났건만 눈에 띄는 결과를 얻지 못하고 있었기 때문이다. 그 중에도 김화에 있는 지경터[地境垈] 교회가 그를 우울하게 만들었다. 1898년에 설립된 지경터교회는 강원도에 처음 설립된 교회로 초기에는 교인들이 스스로 예배당 건물을 마련하고 열심히 전도하여 강원 북부 선교의 중요 거점이 되었는데, 그가 맡은 후로는 교인들의 신앙 열기도 떨어지고 교인수도 점차 줄어드는 추세였다. 나름대로 열심히 수고하였지만 결과가 기대에 미치지 못하자 실망이 컸다. 아무리 생각해도 교회가 성장하지 못하는 원인이 지경터 교인들에게 있는 것 같았다. 조선인들은 종교적으로 기독교와 어울리지 않는다고 생각한 하디는 선교사직을 그만둘 생각도 해 보았다.

그런 상황에서 1903년 8월 24일부터 일주일간 원산에서 여선교사 기도회가 열렸다. 여선교사들은 연장자인 하디에게 성경공부 인도를 부탁하였고, 그는 성경공부를 인도하면서 자신을 돌아볼 기회를 얻었다. 그리고 마침내 깨달음이 왔다.

"아무리 노력하고 애써도 수고한 결과가 나타나지 않았다. 이유가 뭘까. 나 자신에게 어떤 장애물이 있는 것 같지는 않았다. 하지만 점차 내게 영적인 능력이 부족하였다는 점을 깨닫게 되었다. '힘으로 되지 아니하며 능력으로 되지 아니하고 오직 나의 영으로 되느니라'(슥 4:6) 하신 말씀에 나오는 그 성령의 능력이 없었던 것이 실패 원인인 것을 깨달았다."

성령을 말했으나 성령을 체험한 바 없고, 회개를 말했으나 회개의 체험이 없는 '이론적' 신앙에서 실패의 원인을 찾은 것이다. 이때부터 하디는 기도하는 데 더 많은 시간을 할애하였고, 마침내 성령의 임재와 함께 회개가 터져 나오는 은혜를 체험하였다. 하디뿐 아니라 기도회에 참석했던 선교사들에게도 같은 현상이 일어났다.

기도회를 마치고 처음 맞이한 원산교회 주일예배 설교 때 하디는 토착 교인들 앞에서 진솔한 자세로 자신의 믿음 없었음과 고집불통이었던 것과 교만했음을 자백했다. 교인들은 선교사가 '눈물을 흘리며' 설교하는 것을 처음 보았다. 그것도 자신의 잘못과 오만을 회개하며 용서를 비는 모습으로.

하디의 '눈물 설교'가 처음엔 충격이었지만 곧바로 감동으로 바뀌었고, 교인들의 눈에서도 눈물이 흘러내렸다.

주일 지나 곧바로 원산 지방 남감리회 선교부 사경회가 열렸다. 하디가 인도한 사경회는 처음부터 은혜의 바다였다. 사경회에 참석했던 사람들은 앞 다투어 회개하였다. 그리고 한 주일 후 원산을 방문한 미국인 부흥운동가 프랜슨(F. Franson)의 집회가 열렸다. 여기서도 회개가 터져 나왔다. 유명한 1903년 원산 부흥운동은 이렇게 해서 시작되었다. 원산에서 시작된 부흥운동의 불길은 서울과 개성을 거쳐 전국으로 확산되었고 마침내 1907년 평양 대부흥운동으로 연결되었다.

원산 부흥운동은 하디의 회개에서 출발했다. 밖에서만 찾던 목회 실패의 원인을 자기 안에서 발견함으로 시작된 회개의 역사였다. 코가 높았던 외국 선교사가 자존심을 꺾고 회중 앞에서 눈물을 흘리며 자신의 죄를 고백한 것이 회중들의 회개를 끌어냈다. 눈물과 회개는 전염성이 강해 눈물은 눈물을, 회개는 회개를 유도한다. 목회자의 눈물과 회개는 더욱 그러하다. 그래서 회개는 위로부터 시작해야 한다.

양심전

초기 부흥운동의 특징 중 하나는 보속(補贖) 행위였다. 회개한(repent) 교인들은 자기가 지은 죄를 보상(restitution) 혹은 배상(reparation)하기 시작했다. 훔쳤거나 횡령했던 돈이나 물건을 되돌려 주는 운동이 일어났다. 교인끼리만 그런 것이 아니라 믿지 않는 사람에게도 갚았다. 평양에서는 교인들이 중국인 상점을 찾아가 수년 전에 훔친 것이라며 상당한 액수를 갚아 중국인을 감동시켰다. 공주에서는 교인들이 훔친 돈과 물건을 돌려주는데, 가까운 곳은 직접 찾아가 용서를 구하며 돌려주었고, 멀리 떨어진 곳은 우체국을 통해 소포로 보냈으며, 주인을 찾을 수 없는 것은 예배당 제단에 갖다 바쳤다. 그들은 갚고 나서야 마음의 평화를 얻었다.

윤승근(尹承根)의 '양심전'(良心錢) 이야기도 이때 생겼다.

경기도 벽제 출신 윤승근은 믿기 전 '불량배' 소리를 듣던 사람이었다.

예수를 믿은 후엔 전혀 새사람이 되어 각지를 다니며 전도하였는데, 교통이 불편한 강원도 선교를 자원하여 지경터에서 가까운 김화 새술막(지금의 학사리)을 거점으로 전도하고 있었다. 그도 1903년 9월 원산에서 열린 사경회에 참석했다가 은혜를 받고, 전에 선교사 몰래 쓴 7달러를 갚으면서 용서를 구했다. 그는 새술막으로 돌아오는 내내 기도하였다.

"하나님이시여, 과거에 지은 모든 죄를 기억나게 하사 해를 입힌 자들에게 사죄하게 하소서."

그리고 집에 도착했을 때, 20년 전에 지은 죄가 떠올랐다. 예수 믿기 전 인천에 있던 주전소(鑄錢所)에 근무할 때 정해진 봉급보다 많은 돈을 받고도 그 돈을 돌려주지 않고 쓴 것이 생각났던 것이다. 윤승근은 그 돈을 갚기로 하고 20원을 마련하여 인천 주전소를 찾았으나 문 닫은 지 이미 오래였다. 그는 포기하지 않고 주전소 기능을 관장하고 있던 탁지부(度支部, 후의 재무부)를 찾아가 사정을 말하고 돈을 내밀었다. 탁지부 관리는 의아해했다.

"대저 나랏돈이라면 누구나 거저먹으려고 하거늘 예수교인은 어찌된 일인지 20년 전에 정부 잘못으로 나간 돈마저 갚으려 하는가?"

탁지부에서는 윤승근이 가져온 이 돈을 '양심전'이라 하였고, 탁지부에서 발행한 '양심' 영수증은 하디 목사가 기념으로 가져갔다.

회개의 열매

이렇게 부흥회에 참석했다 은혜 받고 회개한 교인들은 서둘러 남에게

진 빚을 갚으려 하였다. 이런 배상과 보속운동으로 인해 교인과 교인 사이, 교회와 사회 사이에 돈독한 신뢰관계가 이루어진 것은 물론이다.

이처럼 회개는 두 단계로 이루어진다. 마음의 회개와 행위의 회개가 그것이다. 마음으로 뉘우친 사람은 변화된 삶을 살아야 한다. 말로 하는 회개로는 안 된다. 행위로 연결되어야 한다. '입으로만' 회개하는 유대인들을 향해 세례 요한이 요구했던 '회개에 합당한 열매', 바로 그것이었다.

> 독사의 자식들아 누가 너희에게 일러 장차 올 진노를 피하라 하더냐 그러므로 회개에 합당한 열매를 맺고 속으로 아브라함이 우리 조상이라 말하지 말라 ○누가복음 3장 7-8절

○ 원산 부흥운동의 주역이 된 하디 선교사의 가족

◈ 스무 번째 이야기 ◈

동·서양의 화해

그러므로 생각하라 너희는 그때에 육체로는 이방인이요 손으로 육체에 행한 할례를 받은 무리라 칭하는 자들로부터 할례를 받지 않은 무리라 칭함을 받은 자들이라 그때에 너희는 그리스도 밖에 있었고 이스라엘 나라 밖의 사람이라 약속의 언약들에 대하여는 외인이요 세상에서 소망이 없고 하나님도 없는 자이더니 이제는 전에 멀리 있던 너희가 그리스도 예수 안에서 그리스도의 피로 가까워졌느니라 ○에베소서 2장 11-13절

예수를 알기 전에는 말도 안 통하고 마음과 몸이 멀게만 느껴졌던 이방인이었더니 예수를 알고 난 후에는 가까운 이웃이요 마음이 통하는 친구가 되었다. 이것이 복음의 역사요 십자가의 능력이다. 둘 사이를 가로막았던 담이 그리스도의 흐르는 피로 무너져 내리면서(엡 2:14) 둘 사이의 거리가 단축되고, 결국 둘은 그리스도 안에서 '한 몸'을 이루게 된다 (엡 2:16). 복음이 가져다 주는 화해의 역사, 평화의 역사다. 1903년 원산

에서, 1907년 평양에서 대부흥운동이 일어났을 때 바로 그런 역사가 재현되었다.

장로와 선교사의 포옹

1907년 1월 평양 장대현교회에서 부흥회가 열렸을 때 이야기다. 이미 부흥운동의 주역으로 등장한 길선주 장로(그해 9월에 목사 안수를 받는다)가 예배를 인도하고 있었는데, 그는 설교 도중 작은 연극 한 편을 실연해 보였다. 줄을 하나 가져오라 해서 허리에 묶고는 그 끝을 사회자에게 주며 단단히 잡고 있으라 했다. 그러고 나서 길 장로는 강단 저쪽에 앉아 있는 선교사에게 가려고 하였다. 줄은 팽팽하게 당겨졌고 둘 사이에 힘 겨루기가 시작되었다. 예수 믿기 전 선도 수행을 할 때 각종 차력을 해서 힘이 장사였던 길선주의 힘도 대단했지만 잡아당기는 사회자의 힘도 만만치 않았다. 한참 애를 쓰던 길 장로는 숨을 죽이고 지켜보던 청중을 향해 외쳤다.

"이것이 바로 나를 세상에 묶어 두고 있는 죄의 사슬이오. 이 사슬을 끊고 하나님의 영생나라에 들어가야만 하는데 죄가 나를 놓아 주지 않는구나!"

그리고 힘을 불끈 썼다. 그러자 끈이 끊어지면서 길선주 장로는 튕기듯 건너편에 서 있던 선교사 쪽으로 달려갔다. 선교사도 엉겁결에 두 손을 벌려 길 장로를 얼싸안았다.

"마침내 나는 자유하였소!"

길선주 장로의 외침이 있자 1천 명이 넘는 회중 가운데 통성기도가 순간 터져 나왔다. 과거에 지은 죄로 몸부림치며 괴로워하는 사람, 공개적으로 자기 죄를 자복하는 사람, 죄 사함의 은혜에 감격하여 기뻐 춤추는 사람…… 은혜의 도가니였다.

그날 극적인 장면을 연출한 길선주 장로와 선교사도 은혜를 받았다. 길선주를 끌어안았던 선교사는 당시 평양 숭실학교 교사로 와 있던 북장로회 선교부에 소속된 매큔(G. S. McCune)이었다. 미국에서 신학교를 갓 졸업하고 우리나라에 온 지 2년도 채 안 되는 신참내기 선교사였다. 미국 신학, 미국 교회 전통에 대한 자부심이 강했던 매큔 선교사는 우리나라 전통과 문화에 자부심이 강했던 길선주 장로와 관계가 좋지 않아, 미움까지는 아니었지만 서로 터놓고 대화할 수 있는 상대로는 여기지 않고 있었다. 그런 두 사람이 회중이 지켜보는 가운데 강단 위에서 포옹을 한 것이다. 그 순간 길선주와 매큔도 왈칵 눈물을 쏟았고 이로써 둘 사이에 화해가 이루어졌다. 이후 매큔은 누구보다 한민족을 사랑하게 되었고, 3·1운동 만세시위를 도운 혐의로 체포되어 재판에 회부되기도 했다.

서양이 동양에게 배울 차례

매큔만이 아니다. 부흥운동을 거치면서 한국 교회를 바라보는 대부분 선교사들의 눈이 달라졌다. 매큔과 함께 숭실학교에서 근무했던 선교사 무어(J. Z. Moore)의 고백이다.

작년까지만 해도 나도 은연중 '서양은 서양이고 동양은 동양이다'라는 식의 바람직하지 못한 관념에 사로잡혀 있었다. 동양과 서양이 함께 만날 수 있는 근거나, 둘 사이에 어떤 유사성도 찾을 수 없다고 생각했다. 다른 선교사들과 마찬가지로 나도 한국인들은 서양인들이 하는 그런 종교 체험은 할 수 없을 것으로 생각했다.

그러나 부흥운동을 목격한 후 생각이 달라졌다.

이번 부흥회는 내게 두 가지를 깨우쳐 주었다. 첫째, 표면적으로 본다면 한국인이 서양인과 정반대되는 것이 수천 가지가 넘지만 본질로 들어가 근본적인 것을 따지면 서양인과 한국인이 한 형제이며 하나라는 점이다.

부흥운동을 거치면서 서양 선교사들은 한국 교인들을 서양인들과 같은 종교 체험을 할 수 있는, 그래서 '형제'로 부를 수 있는 '한 피조물'임을 깨달았다. 무어의 깨달음은 더 나간다.

둘째로 부흥운동에서 깨달은 바는, 동양인들의 경건한 생활이나 기도에서 보여 주는 단순하면서도 어린아이 같은 순진한 신앙이 풍부할 뿐 아니라 깊이가 있어 그것을 우리 서양인들이 배워야 한다는 점이다. 우리가 이런 것을 배우지 않고는 그리스도의 복음을 완전히 파악했다고 말할 수 없을 것이다. (⟨*The Korea Mission Field*⟩, Aug. 1907, 118쪽.)

우리나라 교인들은 서양인들이 하는 종교 체험을 그대로 하였을 뿐 아니라 서양 교회에서 발견할 수 없는 소박하고 순진한 믿음을 보여 주었다. 무어는 서양 교회가 이런 동양인의 종교 체험과 신앙생활을 배워야 한다고 주장했다. 기독교에 관한 한 서양이 동양을 가르치는 것이 상식으로 통하던 시절, 역으로 서양이 동양에게 배워야 한다는 주장이, 그것도 자존심 강하기로 소문난 '양대인'(洋大人)의 입에서 나온 것이다.

사실, 이렇게 되어야 진정한 의미에서 동·서양의 교류가 이루어진다. '일방통행'으로 하면 자만과 불만의 충돌만 일어난다. 가르치면서 배우고, 배우면서 가르치는 '쌍방통행'으로 해야 상호 이해와 협력을 이룰 수 있다. 독선이 깔린 일방주의는 평화를 파괴할 뿐이다.

하나 되게 하소서

기독교 역사에서 부흥운동은 사도행전 2장에 나오는 오순절 성령강림 체험의 재현이다. 부흥운동은 '원초적 성령 체험'을 내용으로 하기 때문에 자연스럽게 교리와 신조, 교파의 장벽을 초월하여 하나 되는 '일치 체험'으로 연결된다. 그것은 한국 교회도 마찬가지였다.

부흥운동이 일어나기 전에는 미국과 호주, 캐나다, 영국 등 여러 나라, 여러 교파 선교사들이 전파한 '교파' 교회들이 난립하여 협력보다는 갈등과 마찰을 빚는 경우가 더 많았다. 한국인의 입장에서 보면 이해하기 어려운 대목이었다. 더구나 같은 교파, 같은 나라 선교사들도 남감리교와 북감리교, 남장로교와 북장로교로 나뉘어 들어왔으니 혼돈을 일으킬 것은 당연했다(이것은 미국 남·북 전쟁 때 남과 북으로 분열된 교회가 분열된 상태로 들어온 결과다).

이런 상황에서 부흥운동을 거치면서 오순절 성령 체험을 한 한국 교회 지도자들은 사도시대 교회로 돌아가려는 운동을 전개했다. 이들은 교파를 초월하여 함께 기도했고 은혜를 나누었다. 같은 은혜를 받은 선교사들도 동조하였다. 그 결과 1905년에 이르러 교회 명칭에서 '감리'와 '장로'를 뗀 '대한예수교회'라는 명칭의 단일 개신교회를 조직하려는 움직임이 구체화되었다. 비록 선교사를 파송한 본국 교회의 정치적 이해관계 때문에 단일 교회 조직은 실현되지 못했지만, 그 대신 장로교와 감리교 연합으로 '장감연합공의회'를 조직하여 선교 협력과 교회 일치운동을 전개하게 되었으니 이것이 한국 교회 에큐메니컬운동의 출발이다. 에큐메니컬 운동은 서로 다른 것을 인정하면서 이해하고 협력하는 정신을 바탕으로 삼는데, 바로 바울이 주장한 '교회 일치론'의 핵심이다.

> **너희는 사도들과 선지자들의 터 위에 세우심을 입은 자라 그리스도 예수께서 친히 모퉁잇돌이 되셨느니라 그의 안에서 건물마다 서로 연결하여 주 안에서 성전이 되어 가고 너희도 성령 안에서 하나님이 거하실 처소가 되기 위하여 그리스도 예수 안에서 함께 지어져 가느니라** ○ 에베소서 2장 20-22절

사경회에 참석한 평양 장대현교회 여성 교인들

1907년 평양 대부흥운동의 중심에 있던 평양 장대현교회

스물한 번째 이야기
새 술은 새 부대에

> 생베 조각을 낡은 옷에 붙이는 자가 없나니 만일 그렇게 하면 기운 새 것이 낡은 것을 당기어 해어짐이 더하게 되느니라 새 포도주를 낡은 가죽 부대에 넣는 자가 없나니 만일 그렇게 하면 새 포도주가 부대를 터뜨려 포도주와 부대를 버리게 되리라 오직 새 포도주는 새 부대에 넣느니라 ○마가복음 2장 21-22절

유대교 전통의 절기 금식을 하지 않는 예수님의 제자들을 보고 바리새파 사람들이 시비를 걸어 왔을 때 주님께서 하신 말씀이다.

"새 포도주는 새 부대에."

새로운 진리는 새로운 형식을 취한다는 말씀이다. 탄력을 잃은 옛 관습과 전통으로는 생명력이 강하게 발동하고 있는 새 진리를 담아 낼 수 없다. 씨앗 속의 생명이 움트는 순간 껍질이 깨어지듯, 병아리가 탄생하는 순간 껍질이 부서지듯, 새 진리가 탄생하는 순간 옛 전통과 관습은 부서지고 깨진다. 새로운 진리는 새로운 형식으로 자신을 표현한다. 살아 있

는 생명체에게 변화가 필연적인 것은 이 때문이다.

1903년부터 1907년까지 부흥운동을 통해 새 진리를 깨달은 교인들은 새로운 방법으로 그 진리를 표현하기 시작했다. 그것은 전통 종교나 문화와 다른 삶의 방식을 요구했다.

새로운 윤리 의식

"거듭난 우리가 어떻게 살아야 할까?"

부흥운동을 통해 죄를 회개하고, 중생과 성결의 체험을 한 토착 교인들이 가장 중요하게 여긴 문제다. 이들은 사경회 기간 중에 구체적인 삶의 문제를 놓고 토론을 벌였다. 평양에서 부흥운동을 목격했던 J. Z. 무어 선교사의 증언이다.

> 사경회 매일 순서는 대략 다음과 같습니다. 오전에는 한 시간 기도를 하고 두 시간 성경공부를 합니다. 오후에는 한 시간 공부를 한 후 한 시간 동안 성도의 생활에 대한 열띤 토론을 한 후 한 시간 동안 시내로 나가 방문 전도를 합니다. 그리고 저녁에는 전도집회를 갖습니다. 오후 사경회에서는 조혼, 교육, 청결, 흡연 같은 주제를 놓고 공개적인 토론을 벌이는데 한국인들이 이런 문제들에 대해 토론하는 모습을 보면 그 열정이나 진지함에서 놀라울 정도입니다. 가장 놀라운 점은 이런 문제들에 대해 그들 나름대로 도덕적 기준을 도출해 내고 있다는 점입니다. (《The Korea Mission Field》, Aug. 1907, 116쪽.)

사경회 순서 중, 오후 시간에 토착 기독교인들은 '교인의 생활'에 대해 열띤 토론을 하고 '도덕적 기준'을 만들어 냈다. 선교사들의 지도나 가르침 없이, 은혜 받은 교인들이 스스로 교인의 생활 규범을 만들어 가는 모습을 보고 신참내기 선교사들이 놀랐던 것이다.

이미 앞서 살펴본 대로 초기 부흥운동은 '회개'로 출발했다. 회개는 '죄의식'(罪意識, Sin Consciousness)에서 출발한다. 자신의 행동 중에 잘못된 것을 발견하는 것으로 은혜는 출발한다. 그런데 죄의식은 '윤리의식'(倫理意識, Moral consciousness)의 다른 표현이다. 죄의식과 윤리의식은 동전의 양면처럼 서로 반대 방향을 향하면서 밀접하게 연결되어 있다. 죄를 뒤집으면 윤리가 된다는 말이다.

첩을 내보내고

초기 부흥운동을 통해 은혜 받은 교인들은 '기독교인으로서 해서는 안 될 행동규범'들을 만들었다. 그 규범 중에는 살인이나 강간, 절도나 횡령 같은 인류 보편적인 죄도 있었지만 기독교가 우리나라에 들어오기 전에는 죄의식 없이 행해지던 행위들도 포함되었다. 예를 들면 조혼(助婚)이나 축첩(蓄妾), 노비제도와 제사의식, 술과 담배 같은 것들이다. 이런 행위들은 봉건 사회, 특히 양반 사회에서는 '당연지사'로 여기며 행하던 것들이지만 기독교가 들어오면서 '금기사항'으로 분류되기 시작했다. 1907년 경기도에서 활동하던 S. F. 무어 선교사의 증언이다.

전에 김 씨는 농사를 지었는데 술을 즐겨 마셨고 예쁜 첩도 데리고 있었습니다. 그런데 개종한 후 첩을 내보냈고 술과 노름도 끊었습니다. 나중에는 그렇게 좋아하던 담뱃대까지 꺾었습니다. 겨울 사경회 기간 중 우리는 그가 하나님의 말씀과 은혜 안에서 진보하였음을 확인하였고 매서인으로 활동해 주기를 요청하자 그는 기꺼이 응했습니다. (《The Korea Mission Field》, May 1907, 71쪽.)

충남 홍성 한다리교회에서도 같은 일이 벌어졌다. 클라크(C. A. Clark) 선교사의 보고다.

한다리교회 지도자가 가장 큰 은혜를 받았습니다. 예수 믿기 전 그는 대단한 도박꾼이었습니다. 작년에 죄를 회개할 때만해도 자신이 횡령한 돈을 돌려주지는 않았습니다. 그런데 금년, 우리가 그곳에 있는 동안 그는 10년 전 노름으로 빼앗은 수목이 울창한 숲을 본래 주인에게 돌려주었고 다른 사람들에게도 모두 되돌려 주었습니다. 그에겐 첩이 하나 있어 10년 동안 데리고 살면서 아이까지 한 명 두었는데 성령을 받은 후 죄를 깨닫고 난 후 첩과 헤어지기로 했습니다. 그는 첩을 서울로 보내 간호사 공부를 시키기로 했답니다. (《The Korea Mission Field》, May 1907, 74쪽.)

축첩은 봉건적 양반 사회에서 죄랄 것이 없는 상식이었다. 오히려 축첩은 남성의 능력과 권위를 상징하는 것이었다. 그런데 기독교가 들어오면서 달라졌다. 부흥회나 사경회에서 성령을 체험한 양반들은 첩을 내보내는 것으로 변화된 삶의 모습을 보여 주었다. 성도들이 그러니까 일반 사람들도 따라 하게 되었다. 이로써 한국 사회에 '일부일처'(一夫一妻) 제도가 급속히 뿌리를 내렸다.

노비도 내보내고

노비 해방도 이루어졌다. 1906년 평북 운산에서 일어난 이야기를 모리스(C. D. Morris) 선교사가 증언한다.

> 운산 지방에 살고 있는 한 부인은 노비 모녀를 부리고 있었는데, 한국 법에 따르면 노비는 가축이나 마찬가지로 주인이 마음대로 처분할 수 있습니다. 부인은 이들 모녀를 삼백 원 주고 샀답니다. 그런데 부인은 기독교인이 되고 난 후 어린 노비를 팔지 않고 오히려 자유를 주었고 그가 혼인할 때는 마치 자기 딸처럼 선물을 잔뜩 마련해 주었습니다. 어머니에게도 자유를 주었는데 그 여인은 집을 나가지 않고 옛 주인과 함께 살기를 원하고 있습니다. (《The Korea Mission Field》, Jul. 1906, 173쪽.)

감리교 전도자 노병선도 1907년 강화읍에 갔다가 들은 이야기를 전했다.

> 강화군에 사는 전 감찰 조상경 씨는 방재 거상중인대 원래에 구습으로 완고하더니 혼가 식구가 합심하야 작년에 예수를 믿은 후로 상청이 헛된 것인 줄 알고 그 궤연을 즉시 걷어 치웠으며 자기의 선산 일판을 예수교인들의 매장지로 잠두교회에 들여놓고 또한 사람을 물건 매매하듯 값 주

조선 후기 양반 부인과 첩이 탄 가마

고 성문(成文)매매하는 것이 곧 야만의 악습이라 하야 자기가 7년 전에 계집종 1인을 돈 수천 냥을 주고 사서 부리다가 그 문서를 교회에 들여놓아 불살라 없이 하고 그 계집종의 몸을 속량하야 자유케 하며 함께 하나님의 거룩한 자녀가 되였으니 무론 교인 외인하고 이 조 씨의 행위를 흠앙하고 모본하야 영원복락을 받을지어다. (《신학월보》, 1907, 81-82쪽.)

지방의 관급공사를 도맡아 하는 감찰 벼슬을 했으니 돈이 많았다. 그래서 땅도 많았고 노비도 샀다. 그런데 예수를 믿은 후, 선산을 교회에 기부하여 가난한 교인들의 묘지로 사용하도록 했고, 수천 냥 주고 산 노비 문서를 불살라 자유를 주었다. 상(喪)을 당해 전통 예법에 따라 상청(喪廳)을 차리고 제사를 지내다가 이것 역시 낡은 구습인 것을 알고 과감히 철거하였다. 그의 이런 '돌발적 행위'가 지역사회에 적지 않은 충격을 주었으나, 그가 보여 준 자비와 자선이 오히려 지역 주민들의 모범이 되어 이웃 사람들 중에 제사를 폐하고 예수를 믿는 사람들이 늘어났다.

이렇게 해서 기독교 윤리가 사회 윤리로 자리 잡혀 나갔다. 부흥회를 통해 심령이 새롭게 변한 교인들이 보여 주는 새로운 삶의 모습으로 한국 사회는 변해 갔다. 허례와 허식으로 남은 구습(舊習)이 사라지고 진리를 담은 새로운 질서가 잡혀 갔다. 바울이 말한 바, '새사람'에서 시작되는 변화의 역사였다.

> 너희는 유혹의 욕심을 따라 썩어져 가는 구습을 따르는 옛사람을 벗어 버리고 오직 너희의 심령이 새롭게 되어 하나님을 따라 의와 진리의 거룩함으로 지으심을 받은 새사람을 입으라 ○에베소서 4장 22-24절

❈ 스물두 번째 이야기 ❈
날연보와 성미

> 예수께서 눈을 들어 부자들이 헌금함에 헌금 넣는 것을 보시고 또 어떤 가난한 과부가 두 렙돈 넣는 것을 보시고 이르시되 내가 참으로 너희에게 말하노니 이 가난한 과부가 다른 모든 사람보다 많이 넣었도다 저들은 그 풍족한 중에서 헌금을 넣었거니와 이 과부는 그 가난한 중에서 자기가 가지고 있는 생활비 전부를 넣었느니라 하시니라 ○누가복음 21장 1-4절

예수님은 헌금 계산을 돈의 무게가 아니라 마음의 무게로 했다. 돈의 액면가를 보지 않고 바치는 자의 정성을 따졌다. 정성과 믿음이 깃든 헌신을 귀하게 여기셨다. 헌금은 받은 은혜에 대한 감사의 표현이자 은혜 주신 분께 대한 헌신의 표현이다. 그래서 많이 받은 자가 많이 바친다(눅 12:48). 교회는 이처럼 받은 바 은혜에 감사하여 자신을 드리는 자들의 헌신으로 유지되고 확장된다. 부흥운동 기간 중 은혜를 받은 초대교회 성도들의 헌신도 그렇게 이루어졌다.

날연보

지금은 잘 쓰지 않는 단어지만 옛날에는 교회에서 헌금을 '연보'(捐補)라 했다. 그런데 한국 초대교회 교인들은 '날연보'(日捐補, day offering)라는 특이한 연보를 했다. 날연보는 1904년 11월 평북 철산에서 열린 사경회 때 처음 선보였다. 선천에서 활동했던 휘트모어(N. C. Whittemore) 선교사의 보고다.

> 교인들은 이웃 불신자들에게 전도하고 멀리 복음이 들어가지 않은 곳에 복음을 전하기 위해 설립한 전도회를 자발적으로 지원하는 것에 그치지 않고 개인적으로 좀더 주님을 위해 헌신하려는 열정이 솟구쳤습니다. 이런 열정은 돈이 아닌 시간을 바치는 것으로 표현되어 구체적으로 바칠 수 있는 날수를 적어 내고는 개인적으로 불신자들에게 전도하는 형태로 발전하였습니다. (《Annual Report of Korea Mission Stations of Presbyterian Church in the USA》, 1905, 7-8쪽.)

보통 연보는 돈이나 쌀로 하는데, 철산 성도들은 물질 대신 시간을 바쳤다. 사경회 때 은혜를 받은 성도들이 하나님께 바칠 수 있는 날수를 적어 내고, 그날만큼은 세속적인 일이 아닌 하나님의 일, 즉 전도하는 일에 사용한 것이다. 이들은 보수를 받지 않고 자기 돈 들여 가며 불신자 동네로 찾아가 전도하였다. 철산에서 시작된 날연보는 선천, 의주, 평양, 철원, 서울 등지로 확산되어 전국적인 현상이 되었다. 한창 백만명구령운동(Million Souls for Christ Movement)이 전개되던 1909년에 이르러 날연보는 정점에 달했다. 강원도 이천에서 열린 사경회 장면이다.

> (날연보 순서가 되자) 남자들은 거의 동시에 일어나 "날을 바치겠노라" 하면서 날수를 말하였습니다. 어떤 상인은 "저는 매일 그 일을 하고 싶습니다만 매달 한 주일을 택해 전적으로 헌신하겠습니다" 하였고 배 타는 사람은 "3개월 동안 60일을 바치겠다" 하였습니다. 어떤 사람은 "주일을 빼놓고 모든 날을 바치겠노라" 하였는데 주일엔 예배당에 가야 하기 때문이라고 하였습니다! (〈The Korea Mission Field〉 Jan. 1910, 21쪽.)

이런 식으로 그날 3백여 명의 성도들이 1,721일을 바쳤다. 유급 전도자 열 명이 1년 동안 일할 수 있는 날이었다. 그리하여 복음은 날연보를 바친 헌신자들을 통해 선교사들과 유급 전도인들의 발길이 닿지 않는 오지까지 전파되었다.

물질 대신 시간을 바치는 날연보는 농경사회에서 흔히 보는 '날 품앗이' 제도에서 유래한 것으로, 선교사들이 생각해 내지 못했던, 한국 교회 특유의 토착적 헌신 제도였다. 이 제도는 선교사를 통해 세계 교회에 소개되었고, 1920년대 아프리카에서 이 제도를 채용해 좋은 결과를 얻었다는 소식이 선교사를 통해 국내 교회에 전달되었다. 날연보는 한국 교회가 세계 교회에 수출한 토착 신앙 품목 1호가 된 셈이다.

십일조회

　백만명구령운동이 한창이던 1909년 9월, 평북 영변에서는 감리교 부인들을 중심으로 '십일조회'가 조직되었다. 돈이 아닌 시간의 십일조를 바치기로 서약한 부인들의 모임이었다. 즉, 1년(52주) 중에 5주를 하나님께 바치기로 하고, 2주 동안 교리와 전도법에 관한 교육을 받은 후 3주 동안 '둘씩 둘씩 짝지어'(막 6:7) 농촌으로 들어가 전도하였다. 경제력이 없는 부인들이기에 여행경비만큼은 선교사들이 지원했다. 앞서 살펴본 '날 연보'보다 한층 발전된 헌신과 전도법이었다.

　전도부인들의 열기는 선교사들을 감탄시키기에 충분했다. 1910년 영변 지방에서 활동하던 감리교 여선교사 에스티(E. M. Estey)의 보고다.

> 아마도 십일조회라는 명칭을 바꾸어야 할 것 같습니다. 왜냐하면 대부분 부인들이 자기 시간의 10분의 1이 아니라 5분의 1까지도 기꺼이 바치려 하기 때문입니다. 영변에 있는 어떤 부인은 종종 이런 말을 합니다. "주님께서 제게 이 같은 기쁨과 평안을 주셨는데 이 정도밖에 드리지 못한다면 말도 안 됩니다. 그래서 저는 매 3개월 중에 한 달은 집안일을 하고 나머지 날들은 주님께 바치기로 했어요." 이 부인은 실제로 지난해 약속한 날 이상을 바쳤습니다. 여행경비를 제외하곤 한 푼도 받지 않은 채 말입니다. (⟨*Annual Report of the Korea Woman's Conference of the Methodist Episcopal Church*⟩, 1910, 76쪽.)

　영변에서 시작된 십일조회도 평양과 해주, 인천, 서울을 거처 전국으로 확산되었다. 십일조 부인들을 통해 남성들이 들어갈 수 없는 안방 깊숙한 곳까지 복음이 전파되었다.

이처럼 날연보와 십일조회는 물질보다 소중한 시간을 바치는 초대 교인들의 헌신을 그대로 보여 주었다. 이를 통해 한국 교회는 무보수 자원 전도(self propagation) 전통을 수립하였다.

성미

지금은 시골 교회 등에 희미하게 남아 있지만 한국 교회의 성미(誠米) 역시 뿌리가 깊은 토착적 신앙 전통이다. 성미에 대한 최초 보고는 1905년 개성 지방 선교사 크램(W. G. Cram)의 보고에 나온다.

> 우리 구역 전도사들과 매서인들이 사업 보고를 하는 가운데 한 매서인이 보고하기를, 어떤 교회 부인들이 목회자 생활비로 3달러 50센트를 헌금했다고 하였습니다. 여인들의 힘으로 그만한 돈을 모았다는 것이 예외적인 일이기에 그 연유를 물었더니, 그 교회 부인들이 전에 귀신을 섬길 때 식구를 위해 밥을 지을 때마다 쌀을 가족 수대로 한 줌씩 따로 떼어 두었다가 귀신에게 제사를 지낼 때 사용하곤 했는데, 이제 기독교인이 되었으니 그 같은 정성을 주님께 바치기로 하고 역시 끼니때마다 쌀을 떼어 두었다가 그것을 모아 구역 전도사 생활비로 보냈다고 했습니다.
>
> (⟨Minute and Report of Annual Meeting of Korea Mission of the Methodist Episcopal Church⟩, 1905, 209쪽.)

복음이 들어오기 전, 조선 부인들은 밥을 지을 때마다 가족들의 건강과 복을 빌며 쌀 한 줌씩 따로 떼어 집안을 지켜 준다는 '성주'(成主) 귀신에게 바쳤다. 그렇게 성별한 쌀을 모아 두었다 고사를 지낼 때 떡쌀로 썼다. 그런 쌀을 보관하는 항아리를 성주단지 혹은 신주단지라 하여 제일 소중하게 여겼다. 그런데 예수를 믿고 나서 귀신 섬기는 일이 죄라는 것을 깨달았다. 그렇다고 집안 식구들을 위한 기도를 중단할 수는 없었다. 부인들은 항아리에 십자가를 그린 후 여전히 쌀을 떼며 가족들의 건강을 주님께 빌었다. 귀신 섬기던 신주단지는 '주단지'(Lord's pot)로 바뀌었고 귀신에게 바치던 쌀은 전도사의 '하늘 양식'이 되었다.

개성에서 시작된 성미제도는 선교사를 통해 다른 지역에도 소개되어 전국으로 확산되었다. 부인들의 성미로 한국 교회는 전도자의 생활비를 책임지는 '자립 교회'(self support) 전통을 수립하였다.

가난했지만 넉넉하게 연보할 줄 아는 초대 교인들로 인해 한국 교회는 일찍이 자원 전도, 자립 교회 전통을 수립하였다. 자발적으로 전도하는 날연보와 십일조회, 주님께 기도하며 바친 쌀로 전도자의 생활을 책임졌던 초대교회 성도들의 헌신이 있었기에 한국 교회는 짧은 기간 안에 성장할 수 있었다. 사도 바울이 칭찬했던 초대교회 성도들의 '넉넉한 연보', 바로 그 결과였다.

> 심는 자에게 씨와 먹을 양식을 주시는 이가 너희 심을 것을 주사 풍성하게 하시고 너희 의의 열매를 더하게 하시리니 너희가 모든 일에 넉넉하여 너그럽게 연보를 함은 그들이 우리로 말미암아 하나님께 감사하게 하는 것이라
> ○고린도후서 9장 10-11절

전도를 떠나는 영변 십일조 부인들

스물세 번째 이야기

새벽기도와 통성기도

> 예수께서 나가사 습관을 따라 감람산에 가시매 제자들도 따라갔더니 그곳에 이르러 그들에게 이르시되 유혹에 빠지지 않게 기도하라 하시고 그들을 떠나 돌 던질 만큼 가서 무릎을 꿇고 기도하여 이르시되 아버지여 만일 아버지의 뜻이거든 이 잔을 내게서 옮기시옵소서 그러나 내 원대로 마시옵고 아버지의 원대로 되기를 원하나이다 ○누가복음 22장 39-42절

예수님도 "습관을 따라" 기도하셨다. 누구나 자신에게 맞는 '기도 습관'이 있다. 어떤 사람은 소리 내어 기도할 때 은혜를 받고, 또 어떤 사람은 조용히 묵상하면서 은혜를 받는다. 기도하는 방식에 따라 은혜를 더 받고 덜 받고 한다. 나름대로 기도 습관을 가질 수밖에 없다.

그런데 그 기도 습관이 개인적인 것도 있지만 집단적인 것도 있다. 성경 본문에서 '습관'으로 번역된 헬라어 '에토스'(*ethos*)는 '기질', '기풍', '정신', '성질' 등으로 번역하기도 하는데 비슷한 의미를 지닌 '파토스'

(pathos)와 대비되는 단어다. 다만 파토스가 '개인적' 개념이라면 에토스는 '집단적' 개념이라는 점이 다르다. 개인의 성격과 기질을 말할 때는 '파토스'를 쓰지만 가정이나 사회, 민족의 집단적 특성을 말할 때는 '에토스'를 쓴다. '그리스 정신', '조폭 기질', '종교 전통' 같은 경우다. 그러므로 예수님께서 "습관을 따라" 기도하셨다면 이것은 그분이 어떤 독특한 기도 방식을 만들어 하셨다기보다는 예수님이 속해 있는 이스라엘 민족 공동체의 기도 습관과 방식에 따라 하셨다는 것으로 풀어야 한다. 개인적 기도가 아니라 집단적 기도를 하셨다는 말이다.

개인의 '파토스'가 천차만별이듯 민족의 '에토스'도 서로 다를 수밖에 없다. 그래서 민족마다 기도하는 습관이 다른 것은 당연하다. 같은 하나님께 기도를 하더라도 그 방식에서 미국 사람과 브라질 사람이 다르고, 아시아인과 유럽인이 다른 것은 당연하다. 마찬가지로 우리 민족도 기도하는 법이 달랐다. 초기 부흥운동 기간 중에 은혜를 받은 교인들은 우리 민족 대대로 전해 내려오던 '기도 습관을 따라' 하나님께 기도하는 법을 만들어 냈다.

새벽기도

오늘까지 한국 교회 안에 대표적인 토착 신앙 형태로 자리 잡고 있는 새벽기도가 정확하게 언제, 누구에 의해 시작되었는지는 알 수 없다. 흔히 장로교의 길선주 목사를 새벽기도의 창시자로 언급하고 있지만, 선교사들의 보고에 따르면 길선주 목사가 새벽기도회를 시작했다는 1906년 이전에 이미 새벽기도를 하는 교인들이 있었다. 원산 부흥운동의 주역 하디 선교사의 인도로 서울 이화학당에서 개학 기념 사경회가 열렸는데 (1904년 9월), 은혜 받은 학생들이 "이른 아침에"(in the early morning) 기도하는 장면을 목격하였다는 선교사의 기록이 있다. 1905년 초, 개성 지방 부인사경회에 참석했던 캐롤(A. Carroll) 선교사의 새벽기도 목격담은 흥미롭다. 그때 선교사들이 별도 숙소에 들지 않고 큰 방에 휘장을 치고 윗목에는 한국인들이 아랫목에는 선교사들이 잠을 잤는데 한국인들이 '한밤중에' 일어나 기도를 한 것이다.

> 아침 여섯 시가 되자 마치 아침을 알리는 시계처럼 건너편에 있던 교인들이 일어나 찬송을 부르며 기도를 하는 바람에 나도 일어나야 했다. 그런데 그 다음 날에는 새로 몇 사람이 오더니 새벽 4시에 사람을 깨워 무려 한 시간 반 동안이나 예배를 드리는 것이었다. 나로서는 그렇게 일찍부터 일어나 헌신하지 않아도 될 것으로 여겨 어두울 때는 자고 이야기할 것이 있으면 낮에 하라고 권면하였다. (《The Korea Methodist》, Jun. 1905, 103쪽.)

한국 교인들의 새벽기도를 선교사들이 만류하는 장면이 연출된 것이다. 미국에서 건너온 선교사에겐 밤중에 일어나 기도하는 모습이 생소하게, 심지어 비정상적인 행동으로 보였을 것이다. 그러나 농경사회에서 새벽은 밤이 아니라 하루를 여는 '거룩한' 시간이었다. 동트기 직전, '닭의 시간'으로 알려진 인시(寅時, 오전 4-5시)가 사람으로서는 가장 견디기 힘든 시간이지만(군대에 가서 보초 서 본 사람은 안다) 종교적으로는 신령한 기운이 충만한 시간이다. 그래서 동양의 전통 종교인들은 이때 기도를 한다. 불교의 새벽 예불이 그러하고 도교에서 북극성을 향해 기도하는 시간도 이때고 민간에서 부인들이 다른 식구들보다 먼저 일어나 정화수를 떠 놓고 기도하는 시간도 이때다.

이처럼 한국인들에게 '새벽'은 기도 시간이었다. 하루를 신령(神靈)과 함께 시작한다는 거룩한 습관이 있었다. 그런 기도 습관이 몸에 밴 한국인들이었기에 기독교 복음을 받아들인 후에도 아침 일찍 일어나 옥황상제나 천지신령이 아닌 하나님께 기도한 것이다. 이런 기도는 선교사들에게 배운 것이 아닌, 오히려 선교사들이 만류했던 것으로 우리 조상들의 "습관에 따라" 자연스럽게 시작한 기도였다. 다른 나라에서는 찾아볼 수 없는 한국 교회 특유의 새벽기도 전통이 이렇게 해서 수립되었다. 이후 한국의 기독교인들은 새벽기도를 통해 서양인들이 느낄 수 없는 깊은 은혜를 체험하였다.

통성기도

새벽기도가 고요한 시간에 하는 '정적'(靜的) 기도라면 통성(通聲)기도는 '동적'(動的) 기도다. 부흥회나 집회 때마다 "주여!" 하고 시작하는 통성기도는 한국 교회의 특징적 기도로서, 통성기도가 처음 등장한 것은 1907년 평양 대부흥운동 때다. 이 기도 역시 처음엔 선교사들에게 충격이었지만 이내 감동으로 바뀌었다. 존스 선교사의 보고다.

어느 주일 아침 집회를 인도하던 선교사가 회중에게 합심기도를 하자고 하였다. 그 순간 성령께서 그들 가운데 직접 역사하셔서 1천 명이나 되는 사람들이 소리를 내서 기도하기 시작하였는데, 점점 그 소리가 높아져 예배당 안을 가득 채웠다. 참으로 놀라운 것은 전혀 혼돈 없이 마치 대규모 연주자들이 악보를 보고 연주하듯 그들의 기도 소리가 서로 하나가 되었다는 점이다. 5백 명 혹은 천 명에 이르는 군중들이 모두 하나님을 향해 얼굴을 들고 한 목소리로 소리를 내서 기도하는 장면은 말로 표현할 수 없는 전율을 느끼게 한다. (《The Religious Awakening of Korea》, 1918, 28쪽.)

선교사의 '합심기도'(united prayer) 요청에 한국인들은 '통성기도'(audible prayer)로 응답했다. 1천 명이 한꺼번에 소리를 내어 기도하였음에도 혼돈이나 무질서가 아닌, 거대한 관현악단의 연주처럼 완벽한 조화, 응집된 힘을 느낄 수 있었다. 개개인의 서로 다른 기도가 관현악단의 서로 다른 악기처럼 조화를 이룬 것이다. 그래서 선교사는 통성기도에서 좋은 연주와 같은 '말로 표현할 수 없는 전율'(thrilling beyond description)을 느꼈던 것이다.

각자 소리를 내어 서로 다른 기도를 하면서도 모여서 하나가 되는 기도, 이것이 통성기도의 매력이요 힘이다. 통성기도는 말 그대로 통(通)하는 기도다. 하나님과 통하고 이웃과 통하는 기도다. 소리를 낸다는 것은 남이 들어도 좋다는 뜻이다. 비밀이 없다. 그래서 하나가 된다.

그런데 캐나다 선교사 스코트(W. Scott)는 한국 교회의 통성기도는 당시(1907년) 시대 상황에서 이해해야 한다는 흥미로운 분석을 내놓았다.

통성기도는 비록 소리의 바벨탑을 쌓는 측면이 있지만, 단체로 죄를 고백하고 마음속에 숨겨진 것들을 끄집어 낼 수 있는 방법으로 효과적이다. 본성적으로 자부심이 강하고 과묵한 사람들이라 이런 식이 아니고는 자기 속에 숨은 비밀을 털어 내놓지 않았을 것이다. 개인적으로, 국가적으로 도움을 받을 곳이 없는 어려운 현실이었기에 이들은 인간의 죄를 대신하여 십자가를 지시기 위해 오신 하나님의 거룩하신 임재 앞에 체면 불구하고 자신의 몸을 내던질 수 있었던 것이다. 우리가 그것을 어떻게 평가하든 분명한 사실은 하나님께서 나라 잃은 백성들의 절망과 좌절을 깨뜨리시고 그 무엇으로도 흔들 수 없는 영원한 안식으로 이들을 이끄셨다는 점이다. (《Canadians in Korea》, 1976.)

일제의 침략과 국권 상실, 정치적 불안과 경제적 파탄이라는 극한적 상황에서 집단적 '탄원' 형태의 기도가 나왔다는 이야기다. 일리가 있다. 통성기도는 고통과 상실, 아픔과 슬픔을 지닌 자들에게 적합한 기도다. 부자나 지배자들은 잘 못한다. 한(恨)이 많을수록 통성기도를 잘한다. 그래서 통성기도를 통(痛)성기도라 한다. 한 많은 우리 민족에게 썩 잘 어울리는 기도다. 한국 교인들은 통성기도를 하며 한도 풀고 은혜도 받았다.

한국 토착 교회의 기도 전통

새벽기도와 통성기도는 초기 부흥운동 기간 중에 자연발생한 한국 교회의 토착 신앙 형태들이다. 통성기도가 우리의 사정을 아뢰는 '올림 기도'라면 새벽기도는 하나님의 음성을 듣는 '내림 기도'다. 그래서 통성기도는 '입으로' 하고 새벽기도는 '귀로' 하는 기도다. 통성기도가 '동적인' 기도라면 새벽기도는 '정적인' 기도이다. 우리나라 초대 교인들은 복음이 전해지기 전부터 조상들이 기도하던 '습관을 따라' 우리 민족의 정서(ethos)를 담아 기도법을 만들어 냈다. 그래서 새벽기도와 통성기도는 한국 토착 교회의 집단기도 전통(ethos)으로 자리 잡아 오늘에 이르고 있다. 이처럼 기도는 전통에서 전통으로, 습관에서 습관으로 이어진다. 이스라엘의 기도 습관을 따라 감람산에서 기도하셨던 예수님의 기도 습관을 따라 제자들이 감람산을 떠나지 않고 '마음을 같이하여' 기도하였던 것과 같은 맥락이다.

> (제자들이) 여자들과 예수의 어머니 마리아와 예수의 아우들과 더불어 마음을 같이하여 오로지 기도에 힘쓰더라 ○사도행전 1장 14절

천 명 이상 모인 평양 여자 사경회(1930년대)

스물네 번째 이야기
사경회와 성경 암송

또 어려서부터 성경을 알았나니 성경은 능히 너로 하여금 그리스도 예수 안에 있는 믿음으로 말미암아 구원에 이르는 지혜가 있게 하느니라

○ 디모데후서 3장 15절

로마 감옥에 갇혀 있던 사도 바울은 에베소에서 목회하던 '영적 아들' 디모데에게 편지를 쓰면서, 나이가 어리고 경험이 없다고 교인들에게 손가락질 당하지 않으려면 자기 능력과 지혜에 의지하기보다 하늘로부터 내려오는 은혜를 의지하라고 충고하였다. 그리고 그 구체적인 방법으로 성경을 늘 묵상하고 말씀대로 살라고 전하였다. 성경에 기초한, 성경말씀에 따른 목회만 염두에 두라는 충고였다. 목회에 '성경' 말고 왕도가 없다는 말이다.

이것이 사도의 전통이다. 바울뿐 아니라 그리스도를 따르는 모든 사람들, 특히 인류 역사에서 옛 질서를 혁파하고 새로운 질서를 창출한 종교

개혁자들, 예를 들어 루터와 칼뱅, 츠빙글리와 진젠도르프, 웨슬리 등은 하나같이 '한 책의 사람'(man of One Book)으로 불리기를 원했다. 여기서 '한 책'은 물론 '성경'이다. 그래서 종교개혁의 역사는 종종 '성경의 역사'로 기록된다. 성경은 계시와 은총, 진리와 지혜의 절대 근거였다. 기독교 역사와 전통에서 성경이 절대 권위를 갖게 된 배경이 여기에 있다. 복음이 들어간 나라에서는 예외 없이 이런 현상이 나타난다.

한국 초대교회 교인들의 '성경 사랑'과 '말씀 실천'은 남달랐다. 거기엔 이유가 있었다.

사경회, 한국인의 '유월절 축제'

우리나라 사람들은 기독교가 들어오기 전 이미 불교와 유교를 통해 종교 '경전'(經典)을 대하는 법을 배워 알고 있었다. 경전은 단순한 인쇄물이 아니었다. 경전을 만지는 것만도 종교적 신앙 행위였다. 경전에 초자연적 능력이 있어 경전을 대할 때는 최대한 외경(畏敬)의 자세를 취하였다. 이런 전통과 습관이 우리 민족 고유의 '경전 문화'로 뿌리내린 상황에서 기독교 복음과 함께 성경이 들어왔다. 초기 한국 그리스도인들이 성경을 대할 때 종교적 경외심을 갖고 최상의 예를 표한 것은 당연했다. 성경은 함부로 다루어서는 안 될 종교적 경외와 예배 대상이었다.

한말 평양에서 활동하던 선교사 폴웰(M. W. H. Follwell) 부인이 '마들린'이라는 한국인 전도부인과 함께 시장에서 성경을 팔며 전도하러 나갔다. 그런데 전도부인은 성경을 사 가는 사람들에게 마치 상품 사용법을 알려주듯 "아이들이 훼손하지 못하도록 성경은 반드시 선반 위에 모셔 놓아야 하고 성경을 옮길 때는 항상 두 손을 사용해야 한다"고 주의를 주었다. 그랬다! 성경은 반드시 '두 손으로' 받들어 옮겨야 하는 성물(聖物)이었다. 그런데 잠시 후 폴웰 부인은 전도부인의 이해할 수 없는 행위에 더 큰 충격을 받았다. 어떤 부인이 와서 성경을 다량 구입해 가겠다고 하는데 전도부인이 "당신에겐 팔지 않겠다"고 한 것이다. 이유를 묻는 선교사에게 전도부인은 당연하다는 듯 대답했다.

"저 사람, 교인이 아닙니다. 교인도 아닌데 성경을 왜 그렇게 많이 사 가느냐고 물었더니 집에 도배를 해야 하는데 성경이 지물포 종이 값보다 싸니, 성경책을 사다가 벽에 바르겠다는 겁니다. 그럴 수는 없지요. 하나님의 말씀인 성경책을 훼손하면 당신도 해를 입을 거라고 말하고 돌려보냈습니다."

전도부인은 우리나라 전통의 '경전 문화'로 성경을 대하고 있었다. 두렵고 떨리는(빌 2:12) 마음으로 성경을 대할 때 말씀은 그 비밀을 열어 보이신다. 하긴 지금도 예배 때 성경본문을 읽는 순서만큼은 받들 '봉'(奉)자를 써서 '성경봉독'(聖經奉讀)이라 하지 않는가?

이런 경전 문화를 잘 보여 주는 것이 '사경회'였다. 요즘 사경회는 길어야 사흘, 그것도 주일이나 수요일 저녁예배를 끼고 진행하지만, 옛날 사경회는 아무리 짧아도 일주일이었고 길면 보름이었다. 선교사들은 농한기 때 이불과 양식을 짊어지고 수백 리 길을 걸어 사경회에 참여하는 교인들의 행렬을 보며 감탄하였다. 개척 선교사 언더우드의 증언(1908년)이다.

> 한국인들은 며칠씩 걸어서 사경회에 참석하는데 웬만한 어려움은 거뜬히 견뎌 내고 있으며 250명에서 많을 때는 1,180명씩 모여 열흘에서 열나흘 동안 성경을 배웁니다. 이 같은 대규모 사경회에 참석했던 사람들은 고향으로 돌아가 소규모 사경회를 개최하였는데 북부 지역의 어느 선교지에서는 1년 동안 이 같은 소규모 사경회를 192회 실시해서 연인원 1만여 명을 기록하였습니다. (〈The Korea Mission Field〉, Sep. 1908, 131쪽.)

평양 선교사 블레어(W. N. Blair)는 한국 교회 사경회를 유대인들의 '유월절 문화'에 비유하기도 했다.

> 마치 유대인들이 유월절을 지키듯 한국 교인들은 그때만 되면 모든 일상생활을 접어 두고 오직 성경공부와 기도에만 전념합니다. 이같이 성경공부에만 전념한 결과 교회 전체가 단합되어 사랑과 봉사로 이루어지는 진정한 부흥이 가능케 되었습니다. 이 점에서만큼은 미국도 한국을 본받아야 할 것입니다. (《The Korean Pentecost and the Sufferings which Followed》, 1977, 67쪽.)

이 같은 한국 교인들의 사경회 열정이 초기 부흥운동으로 연결되었다. 사경회가 1903년 원산 부흥운동과 1907년 평양 부흥운동의 기폭제가 되었음은 이미 잘 알려진 사실이다.

성경을 외우는 맹인 전도자

한국 초대교회 사경회는 형식면에서 지금과 판이하게 달랐다. 초대교회 시절엔 말 그대로 성경만 집중해서 공부하였다. 그 방식이 서당에서 경전 배우는 것과 같았다. 훈장 앞에서 학동들이 《천자문》과 《동몽선습》, 《소학》과 《중용》을 배우듯 성도들은 인도자 앞에서 성경을 펴놓고 한 절 한 절 읽으며 배워 나갔다. 이것 또한 동양 특유의 '경전 문화' 흔적이다. 전통적으로 서당이나 사찰에서 글공부를 할 때, 제1단계는 암송(暗誦)이었다. 뜻풀이는 '문리'를 깨친 후라야 할 수 있는 것이고 그 전까지는 그냥 줄줄 외우는 것이 전부였다.

초기 사경회 공부도 성경 외우기로 시작되었다. 암송 문화에 익숙했던 우리나라 사람들은 성경을 줄줄 외웠다. 교인들은 사회자의 인도에 따라 성경본문을 함께 낭송했고 중요한 구절은 외울 때까지 반복해서 읽었다. 선교사들은 이런 한국 교회의 성경 암송 문화에 대해 경이로운 찬사를 보냈다. 일제시대 감리교협성신학교 교수를 역임한 데밍(C. S. Deming)의 증언이다.

> 한국인들은 뛰어난 기억력을 가지고 있습니다. 복음서 공부와 관련하여 다음 세 사람에 대한 사경회 보고가 제 관심을 끌었습니다. 개성에 맹인 한 사람이 있는데 그의 아들이 그의 눈이 되어 복음서 전체를 외우게 되었습니다. 그는 복음서 전체를 순서대로 외울 수 있을 뿐 아니라 아무 장, 아무 절이나 물으면 정확하게 기억해 낼 수 있습니다. 또 한 사람은 속장인데 그는 말씀 공부에 전념하여 누가복음과 사도행전을 외울 수 있게

되었습니다. 세 번째 사람은 매서인인데 성경에 통달하여 성경의 어느 구절을 읽든 그 장과 절까지 정확히 집어낼 수 있습니다. 미국 교인들 가운데 이 정도 할 수 있는 사람이 얼마나 될까요? 쉴 틈 없이 바쁘게 돌아가는 서양생활에서는 이곳 '고요한 아침의 나라'에서 느낄 수 있는 명상과 침묵으로 성경을 배우는 깊은 맛을 볼 수 없을 것입니다. (《The Korea Mission Field》, Jun. 1906, 153쪽.)

이 글에 나오는 '복음서 전체를 외우는 맹인'은 개성의 전설적인 맹인 전도자 백사겸(白士兼)을 지칭하는 것으로 보인다. 백사겸은 어려서 맹인이 되어 개종 전에는 이름을 날리던 점쟁이였지만 예수님을 믿고 난 후 그동안 점쳐서 번 재산을 정리하고 지팡이 하나 잡고 전도 길에 나서 고양과 파주, 장단, 개성 등지에 많은 교회를 세웠다. 그리고 훗날 연희전문학교 교수가 된 아들(백남석)의 도움을 받아 성경을 외워 버린 것이다.

사경회는 이같이 성경을 외우는 사람들의 이야기로 흥미진진했다. 아무리 목사라 해도 웬만큼 성경을 알지 않고는 '성경을 외우는' 교인들 앞에서 설교하기가 어려웠다. 더구나 선교사들은 성경을 외울 뿐 아니라 그대로 실천하는 토착 교인들에게서 자극과 도전을 받았다. 1907년 부흥운동 당시 인천에서 활동하던 존스 선교사가 미국 기독교인들에게 한국 교회를 소개하면서 쓴 글 중에 나오는 대목이다.

한국 교인은 성경을 외울 뿐 아니라 그대로 실천합니다. 어느 날 멀리 북쪽에서 한 평범한 교인이 우리 선교부를 찾아왔습니다. 의례적인 인사를 나눈 후 우리는 그에게 방문한 목적이 뭐냐고 물었습니다. 그는 대답하기를, "저는 성경말씀 중 몇 구절을 외우는데 그것을 보여 드리러 왔습니다" 하였습니다. 그는 1백 마일(3백 리) 이상 떨어진 곳에 사는 농부였습니다. 그는 목사에게 외운 성경구절을 들려주려고 그 먼 거리를 나흘 동안 걸어서 온 것입니다. 그리고 목사 앞에서 마태복음의 산상설교 부분을 한 절도 틀리지 않고 외웠습니다. 목사는 그에게 성경을 단순히 외우는 것만으로는 부족하고 그것을 실천해야 한다고 말했습니다. 그러자 그는 얼굴빛이 밝아지면서 즉각 대답하기를 "제가 성경공부하는 법이 바로 그렇습니다. 처음에 성경을 외우려고 애를 썼으나 잘 할 수 없었습니다. 그래서 이 방법을 고안한 것입니다. 한 절을 외운 다음 이웃을 찾아가 그 말씀대로 그에게 실천했습니다. 그랬더니 외워지는 것입니다" 하였습니다. 한반도 산골 불신자 마을 한가운데, 누구도 따라 할 수 없는 방법으로 이웃과 함께 자신의 삶에서 윤리적인 교훈을 깨달은 대로 하나씩 실천해 나가는 이 겸손한 교인이 있음을 상상해 보십시오. 한국 교회의 부흥은 당연한 것이 아니겠습니까? (《The Korea Mission of the Methodist Episcopal Church》, 1910, 48쪽.)

'실천하면서 외우기.' 이것이 시골 농부가 고안해 낸 독특한 성경 암송 방법이었다. 이보다 더 확실한 성경공부 방법이 있을까? 농부는 누구의 가르침도 받지 않고 혼자서 독창적인 방법을 찾아낸 것이다. 성경말씀을 암송하는 것이 목적이 아니라 실천하여 말씀이 주는 은혜를 누리는 것이 성경공부의 궁극적인 목적이었다.

맹인 전도자 백사겸
"개성에 맹인 한 사람이 있는데 그는 아무 장, 아무 절이나 물으면 정확하게 기억해 낼 수 있습니다." - C. S. 데밍

성경 암송법

이처럼 '성경 암송'은 한국 교인들이 받은 특별한 '은사'(恩賜, charisma) 가운데 하나였다. 워낙 암기에 뛰어난 재능을 갖고 있던 우리 민족이었기에 성경 암송에서 다른 어느 민족도 따라 할 수 없는 능력을 보여 주었다. 그리고 외운 말씀이 행동의 좌표가 되어 그대로 삶으로 '말씀이 육신이 되는'(요 1:14) 성육화 사건이 일상생활에서 항상 일어나고 있었다. 이같이 사경회에서 출발한 성경 암송 문화야말로 한국 교회의 자랑스러운 전통이다. 하긴 성경 암송대회를 하는 곳이 우리나라 말고 또 있을까? 그뿐 아니다. 여름 수양회 때 식사 시간마다 성경구절을 암송하지 못한 학생들에게 밥 안 주는 나라도 우리나라밖에 없을 것이다!

초대 교인들이 성경을 외우는 것, 그것은 자신의 암기력을 자랑하거나 과시하려는 것이 아니었다. 이유는 오직 하나, 성경말씀이 주는 능력과 지혜를 얻기 위함이었다. 바울이 디모데에게 성경을 떠나지 말라고 충고한 이유도 마찬가지였다.

> 모든 성경은 하나님의 감동으로 된 것으로 교훈과 책망과 바르게 함과 의로 교육하기에 유익하니 이는 하나님의 사람으로 온전하게 하며 모든 선한 일을 행할 능력을 갖추게 하려 함이라 ○ 디모데후서 3장 16-17절

VI. 기독교인들의 나라 사랑

스물다섯 번째 이야기
구국기도회와 도끼 상소

> 슬프다 이 성이여 전에는 사람들이 많더니 이제는 어찌 그리 적막하게 앉았는고 전에는 열국 중에 크던 자가 이제는 과부같이 되었고 전에는 열방 중에 공주였던 자가 이제는 강제 노동을 하는 자가 되었도다 ◦ 예레미야애가 1장 1절

그 화려했던 성읍이 침략군의 말발굽 아래 철저히 파괴되어 적막에 싸인 예루살렘을 돌아보며 '눈물의 예언자' 예레미야가 부른 장송곡의 첫 소절이다. 남은 자들은 포로가 되어 바벨론으로 긴 행진을 시작하였으니 상여 나갈 때처럼 이들의 발걸음이 느렸다. 예레미야도 그 행렬 속에 들었음은 물론이다. 그러나 그는 단순한 소리꾼이 아니었다. 하나님의 말씀을 전하는 예언자였다.

> 우리가 스스로 우리의 행위들을 조사하고 여호와께로 돌아가자 우리의 마음과 손을 아울러 하늘에 계신 하나님께 들자 ◦ 예레미야애가 3장 40-41절

그는 예루살렘의 멸망이라는 역사적 현실에서 '회개'라는 하나님의 메시지를 읽었다. 예루살렘 멸망이 죄로 인한 결과였다면 바벨론으로 가는 길은 회개를 향한 구도의 길이었다.

> 여호와여 우리를 주께로 돌이키소서 그리하시면 우리가 주께로 돌아가겠사오니 우리의 날들을 다시 새롭게 하사 옛적 같게 하옵소서
> ○ 예레미야애가 5장 21절

예레미야는 바벨론으로 끌려가면서 이미 (회개 후에 이루어질) '귀향'과 '회복'을 내다보고 있었다. 이것이 신앙이다. 믿음의 눈으로 보면 화려한 현실에서 멸망의 징조가 보이고, 암울한 현실에서 밝은 미래를 발견할 수 있다. 한말, 외세가 침략하여 우리 민족이 암담한 현실에 처해 있을 때, 기독교인들은 그런 미래를 내다보고 있었다.

이화학당 구국기도회

원산에서 일어난 부흥운동이 1년 만에 전국으로 확산되어 한국 교회가 부흥운동의 열기 속에 잠겼던 1904년, 러일전쟁이 터져 원산 앞바다는 러시아와 일본, 양국 함대의 격전장이 되었다. 그리고 러일전쟁의 승리로 거리낄 것이 없어진 일본은 한국 침략을 본격 추진하여 1905년 11월 을사5조약을 체결, '보호'를 내세워 국권의 상징인 외교권을 빼앗아 갔다. 이때를 기점으로 우리 민족의 항일 저항운동이 활발하게 전개되었으

니, 전통적인 의병들의 무장투쟁과 계몽운동, 민족 지사들의 자결 등 다양한 민족운동이 일어났다.

기독교인들도 이 일에 함께했으나, 전통적인 방법과 전혀 다른 방법으로 민족운동을 전개했다. 나가서 싸우기보다 앉아서 기도하는 것으로 시작했다. '구국기도회'를 연 것이다. 이화학당 페인(J. O. Paine) 교장의 선교보고(1906년)에 나온 이화학당 학생들의 구국기도회 기사다.

> 내가 한국에 돌아온 지 얼마 되지 않아 수업을 하러 교실에 들어간 첫날이었습니다. 언문 선생이 내게 와서 기도회 때문이라고 하면서 내가 맡은 3교시 수업에 학생들이 조금 늦더라도 양해해 달라고 하였습니다. 며칠 후 학생들에게 기도회 목적이 무엇이냐고 물었더니, "우리는 나라를 위해 기도하고 있습니다"라고 하였습니다. 그들은 매일 같은 시간에 수업을 중단하고 잠시나마 나라를 위해 간절하게 기도하였습니다.
> (〈Annual Report of Korea Woman's Conference of the Methodist Episcopal Church〉, 1906, 5-6쪽.)

매일 정오 이화학당 언문 교사 조신성이 인도하는 이화학당 구국기도회는 1905년 가을학기 내내 계속되었다. 겨울 방학이 되어서도 고향에 돌아간 학생들이 각자 집에서 시간을 맞추어 기도하였는데, 믿지 않던 부모들도 나라를 위해 기도하는 딸을 보고 감동하여 같이 기도하다가 교회에 나가는 경우가 속출했다. 구국기도를 하는 학생들을 통해 기독교가 '나라 사랑하는 종교'인 것을 깨닫고, 그동안 '외국 오랑캐의 종교'로 잘못 알고 굳게 닫았던 마음의 문을 활짝 연 결과였다. 방학이 끝나 학교로 돌아온 학생들에게서 이런 '기도 보고'를 받고 감동한 페인은 우리 민족에게 새로운 희망을 걸었다.

"우리 기도를 들어 주시고 응답해 주시는 하나님을 믿고 있는 우리는 이 백성들이 하나님께 정성을 다해 겸손하게 드리는 간구를 들어주실 줄 믿습니다."

상동교회 구국기도회

1905년 11월 17일, 우려했던 을사5조약이 체결되자마자 이를 반대하는 시위가 전국에서 일어났다. 유생들은 전통적인 방법으로 고종이 머물고 있던 경운궁 대안문(지금의 덕수궁 대한문) 앞에 나가 조약 취소를 요청하는 상소를 올렸고, 민영환처럼 스스로 목숨을 끊는 열사들도 나왔다. 그리고 성도들은 모여서 기도했다. 그 중에도 전덕기 목사가 시무하던 상동교회 엡윗청년회(Epworth League)가 주최한 구국기도회에는 한 주간 동안 초교파적으로 수천 명의 교인과 청년들이 참석하여 그 열기가 대단하였다. 이것을 계기로 교회 청년들은 매일 신시(申時, 오후 2-4시)에 나라를 위한 기도를 계속하기로 하였는데 청년들이 드린 공동기도문은 다음과 같다.

만왕의 왕이신 하나님이시여, 우리 한국이 죄악으로 침륜(沈淪)에 들었으매 하나님밖에 빌 대 없사와 우리가 일시에 기도하오니 한국을 불쌍히 여기사 야리미아(耶利未亞)와 이새아(以賽亞)의 자기 나라를 위하여 간

구함을 들으심같이 한국을 구원하사 전국 인민으로 자기 죄를 회개하고 다 천국 백성이 되어 나라이 하나님의 영원한 보호를 받아 지구상에 독립국이 확실케 하여 주심을 야소의 이름으로 비옵나이다. (〈대한매일신보〉, 1905.)

기도문을 작성한 이가 누구인지 모르지만 상당한 신학 수준을 갖춘 것만은 틀림없다. 그는 당시 민족 상황을 '망국의 시대'를 살았던 예언자 예레미야와 이사야의 시대와 같은 것으로 보았다. 구국기도의 전형을 예언자들의 기도에서 찾은 것이다. 예언자들의 메시지 핵심인 '회개'를 구국기도회 제1주제로 삼은 것도 그 때문이다.

망국의 원인을 이스라엘 민족의 죄에서 찾았던 예언자처럼 대한제국의 붕괴 원인도 '사신(邪神)우상을 숭봉하고 악독한 일만 행하며, 하나님이 주신 바 기름진 땅과 광산과 일용 만물을 감사한 마음으로 받아 적당히 쓰지 아니한 까닭'이라 하였다. 그리고 우리 민족이 회개하고 하늘나라 백성이 될 때 (일본의 일시 보호가 아닌) '하나님의 영원한 보호'를 받아, (일본의 지배를 받지 않는) '지구상의 독립국'이 될 것으로 믿었다.

이처럼 한말 기독교인들은 구약의 예언자를 통해 이스라엘 민족에게 약속하신 '국권 회복'의 은총이 회개하는 우리 민족에게 임하기를 기도하였다. 성도들의 모든 행위에 기도가 앞서야 하듯 기독교 민족운동이 기도에서 출발한 것은 당연했다.

엡윗청년회원들의 도끼 상소

상동교회에서 기도회를 마친 성도들은 행동으로 자신들의 의지를 표현했다. 기도회에 참석했던 엡윗청년회원들이 도끼를 올러메고 대안문 앞에 나가 '을사조약 무효 상소' 시위를 벌인 것이다. 도끼를 멘 이유는 "저희 요청을 받아들이지 않으려면 이것으로 저희 목을 치소서" 하는 전통적인 상소 습관을 따른 것이었다. 그러나 시위대는 대안문에 도착하자마자 대기하고 있던 일본군 수비대에 연행되었다. 그 과정에서 물리적 충돌이 빚어졌다.

일본 측이 폭력으로 진압하자 청년들의 저항도 과격해졌다. "일본이 저렇게 나오는데 언제까지 앉아서 기도만 할 것이냐?" 하며 무력 사용을 주장하는 회원들이 나왔다. 박용만 같은 회원은 이완용을 비롯한 '을사5적'(을사5조약 체결에 앞장선 우리 정부 대표 5인)을 응징하기 위해 황해도에서 힘센 장사들을 데려와 상동교회에 합숙시키기까지 하였다. 교회 청년들이 정치인 암살을 모의하는 지경에 이르자 선교사들이 대경실색하였다. 종교와 정치를 혼동하여 살인까지 감행하려는 교회 청년들을 그대로 둘 수는 없었다. 당시 한국 선교를 관리하고 있던 스크랜턴이 서둘러 엡윗청년회를 해산시킨 것도 그 때문이다.

이런 선교사들의 조치에 많은 청년들이 실망하고 교회를 떠났다. 그렇다고 교회의 민족운동이 중단된 것은 아니다. 교인들의 민족운동은 일반인의 그것과 달라야 했다. 상대방이 무기를 들었다고 이쪽에서도 무기를 든다면 그것은 더 이상 신앙운동이 아니다. 기독교 민족운동이 궁극적으로 평화를 지향한다면 그 목적만큼이나 수단도 평화적이어야 한다. 겟세

마네에서 무기를 들고 자신을 체포하러 온 무리에게 칼을 휘두르던 제자를 말리신 그리스도의 말씀 그대로다.

네 칼을 도로 칼집에 꽂으라 칼을 가지는 자는 다 칼로 망하느니라
○마태복음 26장 52절

한말 강서 매일학교 학생들
뒤에 걸려 있는 태극기에서 민족의식을 엿볼 수 있다.

▩ 스물여섯 번째 이야기 ▩
희생양 피 세례

이튿날 요한이 예수께서 자기에게 나아오심을 보고 이르되 보라 세상 죄를 지고 가는 하나님의 어린 양이로다 ○ 요한복음 1장 29절

그리스도를 세상에 처음으로 소개한 세례 요한은 예수님을 '세상 죄를 지고 가는 하나님의 어린 양'으로 묘사하였다. 이 표현은 대제사장이 대속죄일에 양을 한 마리 골라 그 머리에 안수함으로 이스라엘 백성들의 죄를 양에게 전가한 후 광야로 쫓아내 죽이도록 하는 구약 율법의 전통을 염두에 두고 한 말이다. 이렇게 '세상 죄'를 뒤집어쓰고 고난의 길을 가는 양을 가리켜 '아사셀'(레 16:6 이하)이라고 했다. 성령을 받아 예수님의 정체를 미리 알았던 세례 요한은 세상 죄인을 대신하여 고난 받을 그리스도의 운명을 이야기했다. 죄 없이 죽어야 하는 '어린 양'의 불행 뒤에는 그의 피 흘림으로 구원받을 죄인들의 행복이 따랐다.

역사는 이런 식이다. 소수 의로운 자들의 '죄 없는' 희생을 바탕으로 다

수의 백성들이 자유와 해방을 얻는다. 한말 우리 민족의 역사도 그러했다. 그 희생의 십자가를 교인들이 졌음은 물론이다.

강화 더리미 해안에서 이루어진 '피의 세례'

평양 대부흥운동이 일어났던 1907년은 우리 민족에게 최대 비극의 해였다. 헤이그 밀사사건이 터졌고, 이를 빌미로 일본은 고종을 강제 퇴위시킨 후 나약한 순종 황제를 위협하여 정미7조약을 체결하였다. 이로써 정부 관리 임용권까지 빼앗아 갔으며 국권의 또 다른 상징인 군대마저 해산하여 우리 민족의 저항 능력을 말살하려 하였다. 이런 상황에서 해산을 거부한 구한국부대가 있던 지역을 중심으로 의병운동이 일어났으니 이를 '정미의병'이라 한다. 그 중에도 강하기로 소문난 해안 수비대가 있던 강화에서 일어난 의병운동이 치열했다.

강화는 1893년 감리교회가 선교를 시작한 이래 급속한 성장을 이룩하여 1907년 당시 이미 17개 교회에 3천 명이 넘는 교인을 확보하고 있었다. 특히 강화 수비대장 출신으로 1905년 세례를 받은 이동휘(李東輝)는 "나라를 구하려면 예수를 믿어야 한다"면서 강화 전역을 돌며 전도하여 선교사들에게 '강화의 바울'(Paul of Kangwha)이란 칭호를 얻었다. 그는 마을마다 교회 하나, 학교 하나를 세우는 '일동일교'(一洞一校) 운동을 전개, 강화 전역에 30여 개 사립학교를 설립하고 군사훈련과 민족교육을 실시하였다. 이동휘는 1907년 8월 정미의병이 일어나자 과거 그의 부하였던 연기우, 지홍윤, 유명규 등과 함께 의병을 일으켜 투쟁하다가 김포에서 일본군 헌병대에 체포되었다.

8월 10일 의병을 진압하기 위해 강화로 들어온 일본군 헌병대는 민가를 수색하며 의병 가담자뿐 아니라 민족주의자들도 체포하였는데, 그 과정에서 강화읍교회 권사 김동수(金東洙)와 그의 동생 김영구, 사촌동생 김남수 등이 체포되었다. 교인들 사이에 '아브라함'으로 불렸던 김동수 권사는 민족의식이 투철하여 이동휘의 일동일교 운동에 적극 참여했고, 친일파 군수를 앞세워 강화에 침투하려는 일진회를 대한자강회 회원으로 종종 시국 강연을 열어 규탄하였다. 이 일로 그는 친일파와 일진회에게 미움을 사게 되었고, 결국 의병진압군을 안내하던 일진회원의 밀고로 두 동생과 함께 체포된 것이다.

이후 8월 21일 일본군은 김동수 권사 일행을 재판에 회부한다면서 끌고 나갔다. 재판을 받으려면 갑곶나루에서 배를 타고 인천으로 가야 하는데 갑곶나루 남쪽 1킬로미터 쯤 되는 더리미 해안으로 끌고 가 후미진 곳에 이르러 살해하였다. 그때 김동수 권사 나이 45세, 김남수 44세, 김영구 23세였다. 의병에 참가했다는 명백한 증거도 없이 재판도 받지 못한 채 희생된 것이다. 그러나 이들이 흘린 피는 헛되지 않았다. 김동수 권사 삼형제의 희생을 계기로 강화 주민들 사이에 '기독교는 나라 사랑하는 종교'라는 인식이 확산되었고, 그 결과 입교인들이 늘어나 1년 만에 30개 교회에 5천여 명 교인이 출석하게 되었다. 당시 강화와 인천 지방을 관리하던 데밍 선교사의 1908년 선교 보고에 이런 대목이 있다.

강화 사업은 높이 평가받아 마땅합니다. 강화 교회는 독자적으로 장로사(지금 감리사) 한 사람이 주재하며 일을 보아야 할 정도로 커졌습니다. 이는 피의 세례 결과입니다. (《Official Minutes of Annual Session of the Korea Annual Conference of the Methodist Episcopal Church》, 1908, 32쪽.)

의병운동 이후 오히려 폭발적으로 증가한 강화 지방 교회의 성장 원인을 데밍은 김동수 권사 삼형제가 받은 '피의 세례'(baptism of blood)에서 찾았던 것이다.

이천 장터에서 희생된 부자(父子) 전도사

강화에서 '피의 세례'가 베풀어진 지 사흘 만인 8월 24일, 이번에는 경기도 이천에서 똑같은 일이 벌어졌다. 역시 의병 진압을 목적으로 이천에 진입한 일본군은 이 지역 교회 지도자로 활약하던 구연영(具然英) 전도사와 그 아들 구정서(具禎書)를 체포하였고, 이천 시장 한가운데 주민들이 모두 보는 앞에서 살해하였다. 이들 부자는 한국 교회사에서 목회자로는 첫 순국자로 기록된다.

구연영은 경기도 광주 노루목(지금의 노곡리) 출신으로, 한말 서울에서 잠시 관직에 있었으나 1896년 1월 을미의병이 일어났을 때 김하락·조성학·김태원 등과 함께 이천에서 의병을 일으켰다. 남한산성을 점령하여 기세를 떨치고 경상도 영천까지 내려가 저항하였지만, 일본군의 우세한 화력에 밀려 결국 무력 저항의 한계를 느끼고 회군했다.

이후 한동안 고향에 칩거하다가 1897년 2월 상경하여 상동교회의 스크랜턴 선교사를 찾아가 개종 의지를 밝혔다. '기독교가 나라 구하는 종교'라는 신념 때문이었다. 그는 믿기로 작정한 후 상투를 잘랐고 집안 노비들을 해방하였으며 상민들에게도 존댓말을 쓰는 등 파격적인 행위로 주변을 놀라게 했다. 그리고 그의 집은 예배당으로 바뀌었다.

구연영은 처음에 선교사들의 힘을 빌려 민족운동을 전개하려는 '정치적' 목적을 갖고 교회에 들어왔으나 성경을 읽으면서 기독교 진리를 깨달아 진솔한 신앙을 고백하고 1899년 세례를 받았다. 그는 매서인이 되어 여주·이천·광주·장호원·음죽 등 과거 의병장 신분으로 말을 타고 누볐던 지역을 돌며 성경을 팔면서 전도하여 이 일대에 20여 교회를 세웠다. 구연영은 1905년 미감리회 연회에서 정식 전도사로 임명받아 이천읍교회(지금의 이천중앙교회)를 비롯한 이천·광주 지역 교회를 맡아 보기 시작했다. 의병장 시절 그의 부하로 있던 전무호, 장춘명 등도 구연영의 전도를 받고 교회 지도자로 바뀌었다. 양반 출신이던 구연영은 전도사가 되어 민중들의 삶의 현장을 누비면서 민중 편에 서서 지방 탐관오리와 투쟁하기도 했다.

전도사가 되었다고 해서 구연영의 민족의식이 약해졌거나 투쟁 의지가 소멸된 것은 아니었다. 오히려 더 강해졌다. 다만 방법이 바뀌었다. 그는 민족의식 계몽이 무장투쟁보다 중요하다고 여겼다. 그래서 자신이 맡은 교회마다 구국회라는 청년 조직을 만들어 신앙 훈련과 민족 계몽운동을 전개했는데, 일진회를 규탄하는 강연회를 자주 열었다. 대한자강회 회원이던 아들도 아버지와 같은 전도사 직책을 받고 내려와 구국회를 지도했다. 그 때문에 구연영 부자는 일진회와 친일파의 미움을 샀다. "경성 동편 십여 군에 구연영만 없으면 기독교도 없어질 것이요, 배일자도 근절될 것이다"라는 일본군 헌병대 기밀문서 기록도 이렇게 해서 나왔다.

구연영
의병장 출신이었던 그는 신앙 훈련과 민족 계몽운동을
펼치다가 일본군에 의해 공개 처형을 당했다.

상황이 이러하였기에, 의병을 진압하러 이천에 들어온 일본군이 구연영 부자를 우선 체포하여 공개 처형하였던 것이다. 그때 구연영의 나이 44세, 아들은 25세였다.

불의한 시대, 의인의 희생

강화읍교회 김동수 권사 삼형제나 이천읍교회 구연영 전도사 부자는 불의와 폭력의 시대, 수난 받은 우리 민족을 대표하는 '희생양'(scapegoats)이었다. 이들은 뚜렷한 죄목도 없이, 정식 재판도 받지 못한 채 침략자들의 만행에 희생되었다. 단지 교회와 민족을 향한 사랑의 열정이 강해서 불법적인 침략 앞에 침묵하지 못하고 저항하다가, 같은 민족이면서도 배반의 길을 택한 친일파 일진회의 밀고로 체포되고 희생되었다. 불의한 세력의 음모와 폭력에 자신을 희생하여 불의한 사람들을 위한 구원의 길을 연 그리스도의 죽음, 바로 그것이었다.

> 선을 행함으로 고난 받는 것이 하나님의 뜻일진대 악을 행함으로 고난 받는 것보다 나으니라 그리스도께서도 단번에 죄를 위하여 죽으사 의인으로서 불의한 자를 대신하였으니 이는 우리를 하나님 앞으로 인도하려 하심이라
> ○베드로전서 3장 17-18절

스물일곱 번째 이야기
독립운동가의 '땅 끝 선교'

> 무엇이든지 전에 기록된 바는 우리의 교훈을 위하여 기록된 것이니 우리로 하여금 인내로 또는 성경의 위로로 소망을 가지게 함이니라 ○로마서 15장 4절

바울의 증언처럼, 우리가 과거의 기록인 성경을 읽는 목적은 오늘을 사는 지혜를 얻고자 함이요, 내일에 대한 소망을 얻고자 함이다. 특히 오늘의 삶이 힘들고 어려울 때, 신앙인들은 성경을 읽으면서 위로를 받고 밝은 내일을 기다리는 소망을 얻게 된다. 성경이 부자보다는 가난한 자에게, 웃는 자보다는 우는 자에게, 강한 자보다는 약한 자에게, 배부른 자보다는 배고픈 자에게 '복음'이 되는(눅 6:20-26) 이유가 여기에 있다.

한말과 일제시대, 고난 받은 민족과 함께하였던 교회, 민족의 십자가를 지고 살아야 했던 그리스도인들이 성경에서 위로와 소망, 지혜와 용기를 얻은 것도 당연한 일이다.

부흥운동과 민족운동

1907년 평양에서 부흥운동이 일어나 온 도시가 부흥운동의 물결에 휩싸였을 때, 민족 운동가들 중에 기독교인들의 열광적인 신앙집회를 보고 실망한 사람들이 많았다. 일본이 우리나라를 침략하는 위기상황에서 당장 무기를 들고 나가 싸워도 모자랄 판에 죄를 회개한다며 예배당에 모여 울고불고 난리 법석을 치고 현실에서 눈을 돌려 저 세상 '천국'만 바라보는 사람들, 심지어 "원수를 사랑하라"며 침략자 일본마저 미워하지 말라고 외치는 기독교인들을 보고 실망한 많은 민족주의자들이 교회를 떠났다.

1907년 여름, 구한국부대 강제 해산으로 전국이 의병운동 열기에 휩싸였을 때, 부흥운동이 가장 뜨겁게 일어났던 평양만큼은 '무풍지대'로 남았는데, 이를 두고 선교사들은 "부흥운동을 이끈 길선주 목사의 공로다" 하고 칭송하였다.

과연 부흥운동과 민족운동은 서로 배치되는, '상극'(相剋)의 관계인가? 부흥운동에 참여하면 민족운동과 멀어질 수밖에 없는가? 부흥사는 정치나 사회운동과 관련 없는 '순복음'만 전해야 하는가?

꼭 그렇지만은 않다. 오히려 부흥운동에 열심이던 교인이 민족운동에도 적극 참여하여 민족운동사에 그 이름을 남긴 경우를 종종 찾아볼 수 있다. 1910년대 한국 교회의 대표적인 부흥사이자 설교자로 명성을 남긴 현 순 목사와 손정도 목사가 그 예다. 그 중에도 해석(海石) 손정도 목사 이야기는 자못 교훈적이다.

평남 강서 출신인 손정도 목사는 과거시험을 보러 평양으로 올라가다가 '교인 마을'에 들러 복음을 접하고, 즉각 마음을 바꾸어 개종한 후 상투를 자르고 집안의 사당을 훼파하였다. 그 일로 집안에서 쫓겨났으나 감리회 선교사 무어의 주선으로 평양 숭실중학교에 입학하였고 남산현교회 교인이 되었다. 1907년 평양 대부흥운동이 일어났을 때 손정도는 졸업반이었는데 그 역시 부흥운동 열기 한복판에서 종교적 회심을 경험하였다.

> 바로 새벽력 하(下)였다. 답답히 앞길의 광명을 찾으려고 애닯게 호소하던 나의 앞에는 신의 광명한 빛이 세상에서 볼 수 없는 이상의 빛으로 빛났다. 인자하시고 건실하신 구주 예수께서 자애 깊은 눈물을 흘리며 나에게 임하셨다. 나도 흐득였고 그도 흐느끼셨다. 이 흐득임은 슬프거나 답답해서가 아니라 너무 감격하고 말할 수 없이 기쁜 그 극(極)에서 정화된 눈물이다.

빛으로 오는 그리스도의 임재를 체험할 때 터져 나오는 감격과 환희의 눈물이었다. 주님도 울고 그도 울었다. 눈물은 눈물을 부른다.

> 그 담으로는 나 자신 앞에 이천만의 남녀 동포가 하나로 빠짐없이 죽 늘어선 것이 보였다. 즉 사망에 빠지는 그들, 죄악의 멍에에 착고를 당한 그들을 구원하고 해방함이 나의 책임이라고 보여 줌이다. 그들을 보고 나는 또한 통곡하였다. 그러나 기쁘다 미덥다 할 만하다고 생각됨은 만능의 구주께서 나와 같이하시기 때문에. (《기독교 종교교육》 1931. 8·9, 64쪽.)

두려워서가 아니라 감동해서 흘린 눈물이다. 쉬운 길은 아니지만 그리스도가 함께하신다면 갈 수 있는 길이기에 감격해서 흘린 눈물이다.

한민족의 '땅 끝 선교'

그리고 얼마 후, 새벽기도회에서 사도행전 1장을 읽다가 결정적인 은혜를 받았다.

> 그들이 모였을 때에 예수께 여쭈어 이르되 주께서 이스라엘 나라를 회복하심이 이때니이까 하니 이르시되 때와 시기는 아버지께서 자기 권한에 두셨으니 너희가 알 바 아니요 오직 성령이 너희에게 임하시면 너희가 권능을 받고 예루살렘과 온 유대와 사마리아와 땅 끝까지 이르러 내 증인이 되리라 하시니라 ○사도행전 1장 6-8절

손정도는 "이스라엘을 회복하실 때가 이때입니까?"라는 제자들의 질문을 "대한제국이 국권을 회복할 때가 이때입니까?"로 읽었다. 그 시대를 살았던 우리 민족 공동체 구성원 모두가 가지고 있던 국권 회복과 나라 독립의 염원이었다. 성경은 "그 때는 알 수 없다"는 비관적인 답과 함께 "다만 성령이 너희에게 임하시면 너희가 능력을 받아 예루살렘과 온 유대와 사마리아와 땅 끝까지 이르러 내 증인이 될 것이다"라는 긍정적인 미래를 보여 주었다. 손정도는 그것을 이렇게 읽었다.

"우리나라가 독립될 때는 하나님만 아신다. 나라가 독립되고 못되는

것은 하나님의 고유 결정 사항이므로 그 때를 우리가 결정하거나 알 수는 없지만 우리 민족이 성령을 받아 복음의 사도가 되어 땅 끝까지 복음을 전하면 하나님께서 우리 민족을 복 주시어 독립을 허락하실 것이다."

 복음 전도를 독립의 전제조건으로 본 것이다. 이때부터 그는 복음을 전하는 부흥사가 되었다. 그의 설교는 단순하면서도 깊었다.

 "예수를 제대로, 잘 믿어야 나라가 독립한다."

 보통 부흥사들은 초월적인 종교 체험을 강조하면서 "죽어서 천당 가려면……" 하는 식의 현실도피적인 설교를 하였는데, 손정도는 오히려 참된 신앙은, 살아서 이곳 현실에서 이루어져야 함을 강조하였다. 그의 설교에는 남다른 감동이 들어 있었다. 그의 설교를 따라 하는 후배들이 늘어났다. 그래서 '손정도식 부흥회'란 말이 생겨났다. 복음으로 시작해서 민족으로 끝나는 부흥회를 두고 한 말이다.

 1909년 한국 감리교회가 처음으로 중국 토착민을 대상으로 해외선교를 하기로 결정하였을 때 손정도가 선교사를 자원하고 나선 것도 같은 맥락이다. 중국 선교를 사도행전에 나타난 바, 예루살렘 → 유대 → 사마리아 → 땅 끝으로 이어지는 복음 확장 프로그램의 실현으로 본 것이다. 사도시대 복음 전도의 '땅 끝'이 세계의 중심 로마였던 것처럼 아시아의 중심 중국을 아시아 선교의 '땅 끝'으로 보았다. 1907년 대부흥운동을 계기로 '조선의 예루살렘'으로 불리게 된 평양에서 목회를 시작한 그가 이제 '땅 끝' 중국을 향해 복음 증인의 길을 떠나게 되었으니, 이방인을 향한 '땅 끝' 선교 뒤에 이루어질 나라 독립의 은총을 기대하였음은 물론이다.

'민족 구원'의 꿈

이후 손정도는 복음을 전하는 일과 민족운동에 헌신하였다. 1910년 중국 선교사로 베이징과 하얼빈에서 활동하다가 1912년 가츠라 암살음모사건(桂太郞暗殺陰謀事件)에 연루되어 서울로 압송, 총독부 경시청 감옥에서 지독한 고문을 받은 뒤 진도에 1년 유배를 받았다. 그 이후 1919년 3·1운동 직전 해외망명 길에 올라 상하이 임시정부 조직에 참여하여 초대 의정원 원장을 역임하였고, 1924년 길림으로 옮겨 '농민호조사(農民互助社)'라는 기독교적 농민 생활공동체를 만들어 '유리방황'하는 동포들에게 삶의 희망을 주기 위해 마지막 힘을 쏟았다. 1931년 겨울, 20년 전에 받은 고문 후유증으로 건강이 악화되어 '다량의 피를 토하고' 숨을 거두기까지 그는 '복음'과 '민족'을 축으로 삼고 살았다. 복음 전도(수직 축)와 민족운동(수평 축), 이 두 가지는 손정도 안에서 상생(相生)의 개념으로 공존하면서 십자가를 이루었다.

그가 목사, 부흥사, 선교사, 즉 '복음의 증인'으로 살면서 한 번도 잊은 적 없는 꿈이 있으니 그것은 유대인으로 태어나 '이방인의 사도'가 되어 이방 세계에서 복음 전하는 일에 자신을 바쳤던 바울의 꿈, 그의 마음속 깊은 곳에 자리 잡고 있던 '민족 구원'의 꿈, 바로 그것이었다.

형제들아 내 마음에 원하는 바와 하나님께 구하는 바는 이스라엘을 위함이니 곧 그들로 구원을 받게 함이라 ○로마서 10장 1절

신민회 창설자 안창호와 손정도 목사(오른쪽)
복음 전도와 민족운동 이 두 가지는 손정도 안에서 상생(相生)의 개념으로 공존하면서 십자가를 이루었다.

스물여덟 번째 이야기
민중 목회와 민족운동

> 곧 그때에 어떤 바리새인들이 나아와서 이르되 나가서 여기를 떠나소서 헤롯이 당신을 죽이고자 하나이다 이르시되 너희는 가서 저 여우에게 이르되 오늘과 내일은 내가 귀신을 쫓아내며 병을 고치다가 제 삼일에는 완전하여 지리라 하라 ○누가복음 13장 31-32절

이스라엘을 식민 통치하던 로마도 악했지만, 그 하수인이 되어 동족을 억압 통치하던 '분봉왕' 헤롯도 악하기는 마찬가지였다. 정치적으로나 종교적으로 태생적 한계를 안고 있던 헤롯 가문은 오직 로마의 환심을 사기 위해 동족에게 폭정과 부정을 일삼았으니, 예수님이 그를 '여우'라 부른 것도 그 때문이다. "원수를 사랑하라" 하신 예수님이었지만 헤롯과는 끝까지 타협하지 않으셨는데(눅 23:9), 용서는 할 수 있어도 용납할 대상은 아니었기 때문이다.

한말 우리나라를 침략, 지배하려는 일본도 악했지만 그 앞잡이가 되어

우리 주권을 일본에 넘기고 동족을 탄압, 착취하던 친일파들은 더욱 악했다. 이들 '매국노'들에 대한 민족의 분노는 당연한 것이었다. 그러나 분노만 할 것인가? 그렇지 않다. 행악자들이 심판을 받는 '제3일'이 이르기까지 우리는 '귀신을 쫓아내며 병을 고치며' 오늘과 내일을 살아야 한다. 악한 시대엔 진실한 목회가 유일한 희망이다. 한말과 일제시대, 전덕기 목사가 그런 희망이었다.

민중 목회의 길

'한국 민족운동의 선구자' 전덕기는 '민중 선교사' 스크랜턴에게 감화를 받아 믿기 시작했다. 스크랜턴은 1885년 우리나라에 들어와 궁궐과 외국 공사관들이 있던 '치외법권' 지역 정동에 병원을 세우고 선교를 시작하였으나, 이내 '민중이 있는 곳'을 찾아 선교지를 옮기기로 결정하고 남대문 시장거리에 병원과 예배당을 세웠다. 이것이 오늘날 상동교회의 출발이다.

스크랜턴은 이곳 시장 사람들에게 전도하였는데, 그렇게 해서 얻은 첫 열매가 전덕기이다. 고아 출신으로 삼촌 따라 남대문 시장에서 숯을 팔던 전덕기는 '호구지책'으로 스크랜턴 집에 요리사로 들어가게 되었다. 하인에 불과한 그를 가족처럼 대해 주는 스크랜턴 가족의 따뜻한 사랑에 감복하여 믿기로 작정하고, 스크랜턴과 함께 남대문 시장거리에 나가 전도를 시작하였다. 전덕기는 1905년 목사 안수를 받고 스크랜턴 후임으로 상동교회를 맡아 별세할 때까지 남대문을 떠나지 않았다.

전덕기는 평생 가난하고 소외된 민중을 위한 '민중 목회'를 실천하였다. 그 자신이 민중 출신이었고, 남대문 시장바닥의 민중이 그의 전도와 목회 대상이었다. 출발은 '민중'에서 하여도 '민중'을 팔아 유명세를 타면 '민중'을 떠나 안일을 쫓는 목회자가 태반이었지만, 전덕기는 마지막 순간까지 민중의 자리를 떠나지 않았다.

엄재희 목사가 증언한 바, 전덕기 목사는 후배 목사들에게 "상비하고 있어야 할 세 가지 물품"으로 '나막신과 마른 쑥, 의지(약식 관)'를 지적하였는데, 이는 연고자가 없는 가난한 사람들의 장례를 치를 때 부패한 시체에서 흘러나온 체액 때문에 나막신을 신고 방 안에 들어가 마른 쑥으로 코를 막고 악취를 참아 가며 의지에 시체를 담아 장례를 치렀던 경험에서 나온 교훈이었다.

전덕기 목사는 생애 마지막 2년을 결핵과 악성 종기로 자리에 누워 지내며, 남대문 시장 사람들을 위해 기도하며 글을 띄우는 '병상 목회'를 하였다. 그가 숨을 거두었을 때 '교회장'으로 엄수된 그의 장례식에 남대문 시장의 상인과 걸인, 심지어 기생까지 "우리 선생님이 돌아가셨으니 우리 손으로 모시겠다"며 상여꾼으로 나서 결국 교인과 시장 사람들이 함께하는 '연합장'이 되었다.

최석주 목사의 증언대로, 전덕기 목사의 생애는 "예수의 교훈대로 걸인들, 가난한 자, 세상에서 버림받은 자, 천대받는 사람들을 위해 진심으로 도와주고 봉사한 생애"였다. 전덕기를 선배로 생각하는 목사라면, 변절하여 민중의 자리를 떠나지는 말아야 할 것이다.

민족운동 선구자

이런 민중 목회를 배경으로 '민족운동 선구자'로서 전덕기 목사의 권위(charisma)와 지도력(leadership)이 형성되었다. 그는 상동교회에서 목회하는 동안, 교회 안에 엡윗청년회와, 그 부속기관인 상동청년학원, 공옥학교를 설립하여 민족 지도자들을 양성하였으며 〈가정잡지〉와 〈수리학잡지〉 등을 발행하여 민족 계몽운동을 전개하였다. 전덕기에 감화받은 이필주·김진호·우덕순·주시경·이동휘·이동녕·이시영·이회영·양기탁·유동열·이 갑·이 준·조성환·안태국·최재학·김병현·박용만·홍순만·최남선 등 기라성 같은 민족운동가들이 상동교회를 중심으로 모였는데, '상동파'라 불린 이들은 1907년 조직된 항일 비밀결사 신민회(新民會)의 핵심 세력이 되었다.

전덕기 목사와 '상동파'가 전개한 민족운동은 다양했다. 1905년 을사5조약 체결 직후 엡윗청년회가 주최한 구국기도회와 '도끼 상소' 그리고 비록 미수에 그쳤으나 상동교회 청년 정순만이 '을사5적'을 응징하려고 황해도 장사들을 고용해 상동교회에 합숙 훈련시킨 것이 그 대표적인 예다. 교회 청년들의 이런 움직임에 놀란 선교사들이 엡윗청년회를 해산하여 '교회 안'의 민족운동이 잠시 중단되었으나 전덕기 목사와 상동파의 민족운동은 계속 이어졌다.

그는 1907년 안창호, 윤치호 등과 함께 신민회를 창설했고, 이 준과 이상설이 헤이그 밀사로 파송되는 과정에 깊이 관여하였으며, 일제의 침략에 항거하여 자결한 정동교회 교인 정재홍의 장례식에서 기도하였다. 보수주의자들은 이런 목사의 정치 참여, 기독교인의 무장투쟁과 자결을

'비신앙적'인 것으로 몰아 비판하였지만 '민중' 목회자 전덕기는 일제의 침략으로 인해 고난 받고 있는 민족의 현실을 묵과할 수 없었다. 당시 '민족'은 곧 '민중'이었다. 그리고 '믿음'과 '민족'은 별개가 아니었다. 그의 충실했던 후배 김진호 목사는 이런 말을 남겼다.

> 그[전덕기]의 두 가지 절대성을 고칠 수 없다. 일은 반종교자(叛宗教者)요 이는 반민족자(叛民族者)니 이 종류의 사람은 용서 없이 질책을 가하야 회개를 촉구하고 불능이면 거절하였다. 고로 전 목사 생존하여 있는 동안에 그런 불의한 도배가 상동에 오지 못하였다. (〈전덕기 목사 소전〉.)

용서와 용납은 다르다. 불의한 세력에 침묵하는 것은 불의를 묵인하는 것과 다를 바 없다. 전덕기와 상동파가 불의한 폭력에 대하여 저항한 것도 그 때문이다.

해방신학과 민중신학의 뿌리

헤이그 밀사 파견이 비밀스럽게 논의되던 1907년 2월, 전덕기 목사는 서대문 밖 독립관에 나가 "법률은 치안의 기관"이라는 제목으로 연설을 한 적이 있다. 그는 그 연설에서 당시 위기에 처한 우리 민족 상황을 '법이 있어도 법을 운용하는 정치 지도자들이 잘못하고 있는 연고'로 해석하였다. 그러면서 이를 '무자격' 기관수가 열차를 몰고 한강 다리를 건너는 형국에 비유하였다. 그런 기차에 타고 있는 승객들이 오죽 불안하겠는가? 그런 사실을 알았다면 어떻게 할 것인가?

> 기관수가 기술이 우수하지 못하면 승객만 위험할 뿐 아니라 기관수 자신이 먼저 죽을 것이오 기관수가 죽어 승객이 죽을 지경에 빠지면 어찌 위급하지 않겠는가? 기관수가 기술이 우수하지 못하여 모두가 물에 빠질 지경에 이른 경우라면 [기관수를] 해고하여 보내는 것이 옳은가? 그른가? 지금 기관차 기관수가 기관을 사용하지 못하여 생명을 잃을 지경에 처했으니 그 기관수를 당당 해고하는 것이 어찌 옳지 않겠는가? [기관수가 기술이 정량(精良)치 못하면 승객의 위험뿐 아니라 기관수 자신도 선사(先死)할 거시오 기관수가 사(死)하야 승객이 여지구망(與之俱亡)하면 엇지 태재급급(殆哉岌岌)지 아니리오. 기관수가 기술이 정량치 못하야 륜서도익(淪胥蹈溺)할 경우에는 해고파송(解雇罷送)함이 가(可)하오 불가(不可)하오. 현금(現今) 선차(船車) 기관수가 기관을 사용치 못하야 생명이 실소지경(失所之境)에 재(在)하엿스니 그 기관수를 단단해고(斷斷解雇)함이 하소불가(何所不可)리오. (《만세보》, 1907.)]

승객뿐 아니라 기관수 자신의 생명을 구하기 위해서라도 무자격 기관수를 끌어내야 한다. 그것이 모두를 살리는 길이다. 그런 맥락에서 친일파 매국노들의 횡행을 막아야 했다. 제2차 세계대전 말기, 나치 폭력정권 하에 본회퍼(D. Bonhoeffer)가 히틀러 암살 모의에 참여하면서 "복잡한 거리에서 자동차를 몰고 다니는 미친 운전사에 의해 희생된 사람들을 돌보는 것이 나의 임무일 뿐 아니라 전력을 다해 그의 횡포를 막아야 한다"라고 밝힌 것도 같은 맥락이다. 해방신학과 민중신학은 여기에 뿌리를 둔다. 전덕기도, '독일의 전덕기'라 할 수 있는 본회퍼도 민중에 뿌리를 둔 목회자였다. 그러기에 기득권층·보수파 정치세력에게서 위협을 받았다. 이들에겐 민중의 생명을 위협하고 민족을 불행으로 이끄는 야만적인 정치 폭력에 굴하지 않을 용기가 필요했다. 교활한 '여우' 헤롯의 위협에 굴하지 않고 자기 길을 갔던 예수님의 용기, 바로 그것이었다.

> 오늘과 내일과 모레는 내가 갈 길을 가야 하리니 선지자가 예루살렘 밖에서는 죽는 법이 없느니라 ○누가복음 13장 33절

◐ 전덕기 목사
가난하고 소외된 민중을 위해 목회한 그는 마지막 순간까지 민중의 자리를 떠나지 않았다.

스물아홉 번째 이야기

믿음의 연단 105인사건

> 사랑하는 자들아 너희를 연단하려고 오는 불 시험을 이상한 일 당하는 것같이 이상히 여기지 말고 오히려 너희가 그리스도의 고난에 참여하는 것으로 즐거워하라 이는 그의 영광을 나타내실 때에 너희로 즐거워하고 기뻐하게 하려 함이라 ○베드로전서 4장 12-13절

교인들이 '불 시험'의 연단과 고난을 받는 것은 결코 '이상한' 일이 아니다. 지극히 당연한 현상이다. 예수님을 제대로 믿으려면 십자가 고난을 피해서는 안 된다. 기독교인에게 십자가는 선택과목이 아니라 필수과목이다. 십자가를 통하지 않고는 믿음의 지성소로 나아갈 수 없기 때문이다(히 10:19). 모름지기 성도라면 "그리스도의 남은 고난을 그의 몸 된 교회를 위하여 자기 육체에 채우"(골 1:24)며 살아야 한다. 고난을 통해 교회는 성장하고 성숙한다.

한국 교회도 십자가 고난을 통한 성장과 성숙의 길을 걸었다. 선교 초

기 한국 교회가 겪은 대표적인 십자가 고난이 '105인사건'이다.

조작된 사건, 억울한 죄인

1911년에 일어난 105인사건은 신민회에 그 뿌리가 있다. 1907년 도산 안창호와 남강 이승훈을 중심으로 형성된 서북지역(평안도와 황해도) 기독교 민족운동 세력과 상동교회 전덕기 목사를 중심으로 한 '상동파' 그리고 윤치호를 비롯한 황성기독교청년회(YMCA) 지도자들이 결성한 신민회 회원들은 각 지역에서 교회와 학교, 무역회사와 무관학교 등을 통해 민중 계몽운동과 경제 자립운동, 무장 독립운동을 전개하였다. 그러던 중 '한일합병'(1910년) 이후 민족운동 세력을 색출, 척결하려는 일제의 경찰망에 그 조직이 탄로나 1911년 10월, 선천 신성중학교 학생과 교사들이 체포된 것을 필두로 전국에서 7백여 명이 검거되었고 그 중 123명이 재판에 회부되어 105명(그 중 80퍼센트가 기독교인이었다)이 유죄 판결을 받았다. 이 때문에 '105인사건'이라고 부르게 되었는데 일제 측이 붙인 공식 명칭은 '데라우치 총독 암살 음모사건'이다.

1910년 가을, 조선총독부 초대 총독 데라우치가 평안도 지역을 순시할 때 신민회 회원들이 그를 암살하려 모의했다가 총독이 일정을 바꾸는 바람에 뜻을 이루지 못했다는 혐의를 붙인 것이다. 그러나 재판 과정에서 자세히 드러났듯이, 기독교인들이 총으로 총독을 암살하려 했다는 혐의는 허구였다. '음모'는 우리 쪽이 아닌 일제 측이 꾸민 것이다.

사건 자체가 조작된 것이기에 증거라고는 피의자들의 자백밖에 없었고, 허위 자백은 잔혹한 고문을 통해서만 얻을 수 있었다. 피의자들이 받은 고문은 상상을 초월하는 것들이었다. 주먹이나 몽둥이로 사정없이 구타하는 것은 기본이고 손가락 사이에 철봉을 끼워 손끝을 졸라맨 후 천장에 매달고 채찍으로 때리기, 대나무 못을 손톱과 발톱 사이에 박고 튕기기, 못을 박은 널빤지에 맨 몸으로 눕히기, 온몸에 기름을 바른 후 인두와 담뱃불로 지지기, 참대나무를 양쪽에서 잡고 위에서 아래로 몸통을 훑어내리기, 추운 겨울 몸에 물을 끼얹고 그대로 얼려 얼음기둥 만들기, 입을 벌려 혀를 빼낸 후 담배 연기 불어넣기, 물젖은 종이를 얼굴 전체에 발라 질식시키기, 입에 재갈 물리고 머리털을 선반에 잡아맨 후 앉을 수도 설 수도 없게 좁은 공간에 세워 두기, 사흘간 굶긴 후 보는 앞에서 저들끼리 만찬 벌이기 등, 기상천외한 고문 방법들이 동원되었다. 이 사건을 총지휘한 경무총감 아카시(明石元二郞)가 러시아 주재 일본 공사관에 근무하던 시절 배워 온 제정 러시아의 고문 방법들이었다.

당시 열아홉, 신성중학교 학생으로 체포되었던 선우 훈(鮮于燻)의 증언이다.

> 네 놈이 달려들어 눈코 뜰 새 없이 모둠매를 치니 나는 치는 대로 맞고 치는 대로 쓰러졌다. 웃옷 한 벌만 입은 대로 두고 아래는 벗기고 얼음 섞인 물 두 통을 머리서부터 내려 부었다. 그것도 부족하다는 듯이 두 팔목을 뒷등으로 굳게 결박하여 공중에 매어 달고 전날과 같이 두 놈이 참대를 마주 잡고 죽죽 옆구리를 내려 훑는다. 채찍으로 두 뺨과 다리를 한없이 때린다. 몸은 두 동강으로 떨어지는 것 같고 넓적다리는 채찍 끝에 살이 점점이 떨어진다. 두 어깨는 박승에 달리어 머리보다 높이 위로 올라갔

고 가슴은 터져 오고 어깨는 떨어질 듯하다. 어느 듯 온몸은 불덩이가 되었는지 코와 입으로 불길이 확확 쏟아지고 땀은 비 오듯 하고 숨은 끊어져 온다. (《민족의 수난》, 1955, 67쪽.)

차라리 죽음이 행복으로 느껴지는 순간들이었다. 그러나 고문은 항상 죽음 문턱에서 멈추었다.

고문당하면서 부른 찬송

고문을 견디다 못한 몇몇 피의자들은 저들이 꾸민 시나리오대로 허위 자백을 했다. 그걸 근거로 다른 피의자들에게 "총독을 암살하려 했다는 것을 자인하라"며 고문했다. 더 많은 사람들이 허위 자백에 동참했다. 그러자 심문 내용이 바뀌었다.

"너희가 총독을 죽이려 했다고 하더라도 우리는 믿지 않는다. 우리 목적은 너희에게 죄를 만들어 선교사들을 쫓아내려는 것이다. 저들이 있고서는 조선 통치를 맘대로 할 수 없기 때문이다."

한말 이후 항일 민족운동의 거점이 된 교회와 그 후견인인 선교사를 축출하려는 본심을 드러낸 것이다. 기독교를 박멸하는 것이 사건을 조작한 근본 의도였던 셈이다.

"예수를 믿지 말고 일본을 믿어라. 하나님이 너를 건질 듯싶으냐?"

허위 자백이 아니라 신앙 배교(背敎)가 저들의 궁극적인 목적이었다. 저들은 이를 '개심'(改心)이라 불렀다. 개심의 대가는 석방과 출세였다.

"자! 개심할 테냐? 안 할 테냐?"

허위 자백이 양심 문제였다면, 배교는 신앙 문제였다. 대부분 목사요 장로, 집사, 기독교계 학교 교사와 학생들이었던 피의자들이 거쳐야 했던 마지막 유혹이었다. 그 유혹을 견뎌낸 선우 훈의 증언이다.

> 나는 고요한 마음으로 결박을 지고 형장 아래 꿇어앉았다. 스데반이 돌탕에 맞아 죽을 때 바라보던 하늘의 열린 문을 바라보면서 '이 영혼을 받으소서' 간절히 기도했다. (《민족의 수난》, 1955, 88쪽.)

그런 그에게 매가 쏟아졌다. 그 순간 마음속에서 찬송가 가락이 울려났다.

> 예예개심 못하는놈 때려죽이고
> 예예개심 하는놈은 살려내어서
> 고관대작 부귀영화 누리게한다
> 예예개심 할수없는 이내몸이니
> 형장아래 결박지고 꿇어앉아서
> 처죽이는 모둠매를 기다립니다
> 스데반이 바라보든 열린저하늘
> 내주예수 서신것을 바라보면서
> 내영혼을 받으소서 기도합니다. (《민족의 수난》, 1955, 88쪽.)

수감 초기, 면회 왔던 선천 미동병원 의사 샤록스(A. M. Sharrocks) 선교사가 넣어 준 성경을 읽고 기도하면서, "사람이 살고 죽는 것이 하나님께 있고 공중에 나는 새 한 마리도 하나님의 허락 없이는 땅에 떨어지지 않나니 세상만사가 다 하나님의 섭리하시는 안에 있는 것을 확실히 믿게 되었던" 그였기에 죽음까지도 두려움 없이 받아들일 수 있었던 것이다.

감옥은 이상한 곳

옥중에서 '열린 하늘'을 보고 '주의 음성'을 들은 신앙인들은 고문을 받으면서 오히려 믿음이 돈독해졌다. 민족의식이 더욱 강화되었음은 물론이다. 그렇지 못한 사람들은 풀려나기는 했지만 민족과 신앙을 배반했다는 양심의 가책을 피할 수 없었다. 신민회 핵심 지도자 이승훈은 105인사건이 일어나기 9개월 전 '안명근 사건'으로 체포되어 제주도에 유배되었다가 105인사건이 터지자 다시 서울로 압송되어 고문과 재판을 받고 피의자 중 제일 늦게 석방되었다(1915년 2월). 그가 고향(정주)에 돌아와 주위 사람들에게 한 말이다.

> 감옥이란 이상한 곳인걸, 강철같이 굳어서 나오는 사람도 있고 썩은 겨릅대처럼 흩어져서 나오는 사람도 있거든…….

그는 감옥 안에서 신약전서를 1백 번 이상 읽었다. 기도하는 재미도 얻었다.

감옥에서 어떻게 그리 기쁜지 몰랐어. 곧 당신이 내 머리 위에 계신 것 같았어. (《성서조선》 64호, 1934. 5.)

신앙인에게 감옥은 지옥이 아니다. 밖에서 얻을 수 없는 은혜를 맛보는 천당이다. 그리스도인들이 고난 중에 받는 은혜, 치욕을 당하면서 깨닫는 은혜, 바로 그것이었다.

너희가 그리스도의 이름으로 치욕을 당하면 복 있는 자로다 영광의 영 곧 하나님의 영이 너희 위에 계심이라 ○베드로전서 4장 14절

105인사건 때 체포된 신성중학교 교사들
민족운동의 거점이 된 교회와 기독교를 박멸하는 것이 이 사건을 조작한 일본의 근본 의도였다.

VII. 땅 끝까지 전한 복음

서른 번째 이야기
금년 안에 백만 명을 주옵소서!

> 또 여러 말로 확증하며 권하여 이르되 너희가 이 패역한 세대에서 구원을 받으라 하니 그 말을 받은 사람들은 세례를 받으매 이날에 신도의 수가 삼천이나 더하더라 ○사도행전 2장 40-41절

열두 명이 백이십 명이 되었다(행 1:15). 예수님 승천 직후 일이다. 성도들이 예루살렘 다락방에 모여 기도하던 중 성령이 임하였고, 성령에 감동받은 사도 베드로의 설교를 듣고 단 하루 만에 삼천 명이 구원받았다. 성령이 역사하는 교회는 그 수를 늘이는 것으로 살아 있음을 보여 준다. 성장은 생명의 증거다. 전도가 교회의 생명인 이유가 여기에 있다. 교회가 하는 일 가운데 친교도 중요하고 구제도 중요하지만 구령(救靈)사업보다 더 중요한 것은 없다.

짧은 기간임에도 한국 교회가 세계 선교 역사에서 그 유례를 찾아볼 수 없을 정도의 성장을 거듭할 수 있었던 것도 한국 교회가 선교 초기부터

구령사업에 남다른 열정을 보였기 때문이다. 1909년에 일어난 백만명구령운동도 그런 전도운동의 대표적인 예라 할 수 있다.

백만명구령운동의 전개과정

원산 부흥운동(1903년)과 평양 대부흥운동(1907년)의 열기가 소멸되기 시작한 1909년 여름, 이를 안타깝게 여긴 개성의 남감리교 선교사 스톡스(M. B. Stokes)와 리드(W. T. Reid), 갬블(F. K. Gamble) 등이 '산기도'를 떠났다. 이들은 소강상태에 빠진 한국 교회의 부흥운동과 전도운동의 열기를 되살리기 위해 "1년 안에 교인 5만 명을 달라"고 기도하기 시작했다. 당시 개성 교인은 5천 명 수준이었다. 그해 9월 서울에서 열린 남감리회 연회에서는 이런 개성 선교사들의 보고를 받고 "1년 안에 교인 20만 명을 구원하자"고 결의하였다. 당시 한국 남감리회 교인 총수는 주일학생을 포함해 2만 명 수준이었다. 다시 그해 10월 서울에서 장로교와 감리교 선교사들이 연합공의회를 열었는데 그 자리에서 '백만명구령운동'을 전개하기로 결의하였다. 당시 한국 전체 개신교인 수는 20만 명 수준이었다. 감리교회의 '10배가'(十倍加) 운동을 장로교회에서 받으면서 초교파적인 '5배가'(五倍加) 전도운동으로 발전한 셈이다.

선교회연합공의회에서 백만명구령운동을 결의하던 그날, 미국의 유명한 부흥사 채프먼(J. W. Chapman)과 알렉산더(C. M. Alexander)가 이끄는 아시아 순회 전도단이 내한했다. 일본과 중국을 거쳐 우리나라를 방문한 이들은 선교사들의 전도운동 계획을 듣고 기꺼이 참여하기로 결심하고 서울과 평양에서 전도집회를 열었다. 비록 건강 문제로 알렉산더와 채프먼 일행이 닷새 만에 한국을 떠나 처음 계획대로 되지는 않았지만 이들의 집회가 한국 교회의 전도운동에 불씨를 당긴 것은 물론이다. 이후 지역마다 교회마다 부흥운동과 전도운동의 열기가 되살아났다. 기도와 찬송의 내용은 단순했다.

"금년 내로 백만 명을 주옵소서!"

교인들은 원산 부흥운동 직후부터 자발적으로 해 오던 '날연보'를 적극 실시하였고, 여기에 '쪽복음 전도'를 가미하였다. 단편 복음서 〈마가복음〉과 낱장 전도지를 대량 인쇄하여 날연보인들을 통해 살포한 것이다. 날연보에 참가하지 못한 사람들은 인쇄 헌금을 내서 쪽복음을 통해 전도에 참여하였다. 백만명구령운동이 적극적으로 실시된 1910년 1년 동안 전국 교회에서 날연보로 '바쳐진' 날이 총 10만 일에 달했고, 한국 교인들의 헌금으로 인쇄한 〈마가복음〉 70만 부와 낱장 전도지 수백만 부가 뿌려졌다. 교인들은 예배를 마치면 거리로 나가 전도하였다. '노방 전도', '축호 전도', '심방 전도', '사랑방 전도', '안방 전도' 같은 토착 전도 방식이 이때 정착되었다. 그 결과 전국 방방곡곡 복음이 들어가지 않은 곳이 없게 되었다. 그 주역은 물론 평신도들이었다. 이들은 선교사나 유급 전도인들이 못 가는 '땅 끝'까지 들어가 복음을 전했다.

실패한 운동인가?

백만명구령운동의 결과는 어떠했는가? 결과만 놓고 본다면 백만명구령운동은 목적을 이루지 못했다. 대대적인 전도운동을 1년 동안 추진하였음에도 실제 결과는 기대에 훨씬 못 미쳤다. 우선 교세 통계를 보더라도, 백만명구령운동을 처음 발의한 남감리회의 경우 1910년 19,471명에서 1911년 19,785명으로 불과 314명(1.6%) 증가하였고, 미감리회는 50,435명에서 53,334명으로 2,899명(5.7%), 장로교회는 140,470명에서 144,261명으로 3,791명(2.7%)이 각각 증가하여, 전체적으로 1년 동안 7,004명이 늘어났다. 400퍼센트의 목표치에 3퍼센트의 실적을 보인 셈이다. 3퍼센트 신도 증가율은 1890-1900년대 한국 교회가 보여 준 증가 추세에도 미치지 못한 것이다.

통계상으로 볼 때 백만명구령운동은 실패한 셈이다. 그 원인은 무엇일까?

첫째, 수적(양적) 성장에 대한 환상적 기대감 때문이다. 20만 교인이 1년 동안 4-5명씩 전도하면 된다는 산술적 계산이 현실로 연결되기는 어려웠다. 당시 인구(1천3백만)의 1.5퍼센트에 불과한 기독교인 비율을 1년 사이에 7.7퍼센트대로 끌어 올린다는 것은 처음부터 무리한 목표였다.

둘째, 당시 정치·사회적 상황 때문이다. 백만명구령운동이 전개된 1909-10년은 우리나라가 일본에 '병합'되는 민족 최대의 시련기였다. 일본의 지배를 받게 된 민족의 절망과 울분이 극에 달한 시기에 일어난 전도운동이 민족주의자들에게 호응을 얻지 못할 것은 당연했다. 더욱이 백만명구령운동을 발의한 선교사들은 대부분 정교분리(政敎分離) 원칙에서 교회의 사회참여를 부정적으로 보았고 구령운동 기간 중 '천년왕국' 말세신앙을 강조하였다. 일제는 이 운동이 처음 시작될 때 "혹시 독립운동에 참가할 백만 명 십자군 양성에 목표를 둔 것이 아닐까" 우려하였지만,

곧바로 "합병이 곧 이루어질 것을 확신하고 있던 선교사들이 조선 기독교인들의 종교적 에너지가 정치적 폭발로 전개되는 것을 사전에 막기 위해 백만명구령운동을 추진했다"며 안도하였다. 민족주의자들의 교회 이탈이 더욱 가속화된 것은 물론이다.

이처럼 백만명구령운동은 큰 기대감을 갖고 시작되었으나 '한일합병'이 이루어진 1910년 8월을 기점으로 더 이상 확대되지 못하였고 1911년에 들어서는 구호조차 들리지 않았다.

그러나 실패하지 않은 운동

백만명구령운동은 과연 실패한 운동인가? 나타난 통계 수치로 보면 그런 결론을 내릴 수 있지만 꼭 그런 것만은 아니다. 이 운동을 발의하고 전개하고 지켜 본 선교사들은 무엇보다 이 운동을 통해 한국 교회의 신앙 열기가 되살아난 것에 큰 의미를 부여하였다. 1911년 1월 〈코리아 미션 필드〉에 실린 "백만명구령운동과 그 결과"라는 글의 마지막 대목이다.

> 교회마다 간구하는 마음들이 생겨났다. 사방에서 새로운 각성이 일어나고 있다. 조용히 하나님을 의지하는 믿음, 보이지 않는 것들의 증거가 되는 그런 믿음이(히 11:1) 되살아나고 있다. 우리가 기울인 노력의 보잘것없음에 비하면 이만한 결과를 얻은 것이 얼마나 놀라운 일인가? 하나님의 선하심을 생각하면, 우리가 감히 바랐던 것 이상으로 하나님께서 이루어 주셨음을 깨닫게 되면, 우리는 부끄러움과 깊은 감사를 느끼지 않

을 수 없다. 우리는 믿음 가운데 때가 이르기를 기다릴 뿐이다. (통계 수치에) 낙심하지 않고(고후 4:1) 작년에 백만 명을 달라는 우리의 기도와 수고에 하나님께서 놀라운 결과로 채워 주실 것을 믿고 기다릴 뿐이다.

믿음으로 기다린 결과는 나타나게 마련이다. 1910-20년대 '20만' 수준을 유지하던 교세는 일제의 탄압이 강화된 1930년대에 들어서 50만 수준이 되었고, 해방과 전쟁으로 혼돈의 시대인 1950년대 들어서는 1백만 수준으로 뛰어 오르더니 1970년대 5백만 수준을 거쳐 격동의 1980년대를 거친 후 마침내 1천만 수준을 기록하였다. 그런 의미에서 백만명구령운동은 1년으로 끝난 운동이 아니라, 이후 일제시대와 분단시대에 놓인 한국 교회가 지속적으로 신앙 부흥과 전도운동을 전개하도록 체질을 바꾸고 방향을 잡아 준 또 다른 '오순절 사건'이라 할 수 있다. 성령으로 살아 움직이는 교회는 눈앞의 결과에 낙심하기보다 미래에 나타날 은총의 결과에 희망을 둔다. 사도시대 오순절 사건을 통해 체질이 바뀐 예루살렘 교회에 나타난 결과, 바로 그것을 기다린다.

하나님을 찬미하며 또 온 백성에게 칭송을 받으니 주께서 구원받는 사람을 날마다 더하게 하시니라 ○사도행전 2장 47절

백만명구령운동 평양 집회
백만명구령운동은 한국 교회가 지속적으로 전도운동을 전개하도록 체질을 바꾸고 방향을 잡아 준 사건이다.

서른한 번째 이야기
디아스포라 선교

> 예수 그리스도의 사도 베드로는 본도 갈라디아 갑바도기아 아시아와 비두니아에 흩어진 나그네 곧 하나님 아버지의 미리 아심을 따라 성령이 거룩하게 하심으로 순종함과 예수 그리스도의 피 뿌림을 얻기 위하여 택하심을 받은 자들에게 편지하노니 은혜와 평강이 너희에게 더욱 많을지어다
>
> ○베드로전서 1장 1-2절

사도들이 소위 '디아스포라'(diaspora)로 불리는 사람들, 즉 자기 고향을 떠나 세계 곳곳에 '흩어져 사는 나그네들'을 찾아가 복음을 전하는 것으로 초대교회 선교 역사는 시작된다. 디아스포라들에게 편지를 쓴 베드로도 그러했지만 '이방인의 사도'로 불리던 바울도 세 번에 걸친 전도 여행을 아시아와 헬라 지역의 유대인 공동체와 회당을 찾아다니며 전도하는 것으로 시작했다(행 13:5, 14:1, 17:1 등).

'디아스포라'는 우선 말이 통하고 문화가 같아 대화를 트기에 유리하

였고, 그들을 통해 이방인을 접할 수 있어 선교 확장을 꾀할 수 있었다. '디아스포라'는 복음이 유대 문화에서 이방 문화로 확산되는 통로였다.

초기 한국 교회 역사에서도 마찬가지였다. 한국 교회가 복음을 받아들이던 선교 초기에 이미 선교사와 복음전도자들을 이방 지역에 파송하여 '받자마자 주는 교회'가 될 수 있었던 것도 우리 민족의 '디아스포라'가 있었기 때문에 가능했다.

하와이 선교

1902년 봄부터 서울을 비롯하여 부산, 인천, 평양 등 주요 도시에 하와이 이민단을 모집한다는 방이 나붙었다.

"기후가 온화하여 일하기도 좋으며 하루 열 시간씩 일하고 일요일엔 쉰다."

"미국 돈으로 매월 15원씩 주는데 저축도 하고 국내로 보낼 수도 있다."

"가족을 데리고 갈 수 있으며 집도 주고 아프면 무료로 치료해 준다."

"본인은 물론이고 자녀도 원하면 공부할 수 있는데 학비는 없다."

매혹적인 조건이었다. 게다가 정부기관인 수민원(綏民院)에서 보증을 섰다. 전 해에 극심한 가뭄이 들어 굶어 죽는 사람들이 속출하자 정부에서는 "이민이라도 보내 살려야겠다"며, 미국인 실업가 데슐러(D. D. Deshler)가 설립한 동서개발회사를 통해 하와이 사탕수수 농장에 농업 이민을 보내려 한 것이다. 그런데 지원자가 없었다. 낯선 곳에 대한 두려움도 있었지만 그보다는 "굶어 죽더라도 조상이 묻힌 고향을 떠날 수는 없다"는 우리 민족 특유의 '귀향 본능' 때문이었다.

이런 상황에서 미감리회의 존스 선교사가 하와이 이민을 적극 추천하며 나섰다. 그는 장경화·안정수·육정수·송민용·현 순 등 자기 교회 교인들을 데슐러 사무실에 보내 일을 돕도록 했고 직접 나서 인천과 강화 연안과 해주 지역을 순방하며 하와이가 미국 땅인 것과 이민이 새로운 기회인 것을 설명했다. 그러자 반신반의하던 교인들이 지원하기 시작했다. 교인들이 나서자 주변 사람들도 따라 나섰다. 그리하여 1902년 12월 22일, 주로 교인들로 구성된 하와이 첫 이민단이 미국 상선 겔릭 호를 타고 인천을 떠났다. 처음 출발할 때는 121명이었는데 일본 고베에 도착하여 이민회사에서 실시한 신체검사에서 20명이 탈락하고 101명이 이듬해 1월 13일 하와이 호놀룰루 항에 도착하였다. 1620년 '종교의 자유'를 찾아 메이플라워 호를 타고 신대륙 아메리카를 향했던 영국 청교도 개척단(Pilgrim) 101명과 같은 숫자였다(호놀룰루에 도착한 개척 이민단 중 안질을 앓고 있던 15명은 상륙을 허락받지 못하고 돌아왔다).

아메리카에 도착한 영국 청교도들이 그러했던 것처럼 하와이에 도착한 이민단 교인들도 '새 땅'에서 기도로 '새 일'을 시작했다. 그들은 회사에서 정해 주는 대로 하와이 각 섬 농장에 분산 배치되어 기도실을 꾸미는 것으로 농장생활을 시작했다. 막상 하와이에 도착해 보니 본국에서 들었던 것과는 상당히 다른 환경이었다. 통하지 않는 언어와 낯선 문화는 둘째치고 농장 일이라는 것이 노예생활과 다를 바 없었다. 이런 그들에게 종교는 유일한 피난처였다. 주일예배는 말 그대로 '안식일'이자 마음 놓고 한국말을 할 수 있는 '고향 공간'이었다. 이민단을 보낸 교회에서도 지속적으로 선교사들을 보냈다. 첫 이민단 통역으로 따라간 안정수 권사와 두 번째 이민단을 인솔한 현 순, 그리고 정식으로 하와이 선교를 목적으로 1903년에 파송한 홍승하 전도사 등이 섬 곳곳에 흩어져 사는 교포들을 심방하며 예배를 인도하였다. 이후 이민이 중단되던 1905년 7월까지 16차에 걸쳐 7천5백여 명이 하와이에 도착하였는데 이들이 들어간 곳마다 교회가 설립되었고, 교회는 복음전도 외에 교민사회 결속 그리고 후에는 민족운동의 구심점이 되었다.

북간도 선교

1907년 낯선 중국인이 원산에 나타났다. 북간도 용정(龍井)에 살던 중국인 교인 싼진(畢金)이었다. 그는 원산 교회에 와서 한글 성경과 찬송가, 전도책자를 사 가지고 돌아갔다. 원산 사람들은 돈이 안 되는 물건(?)을 사가는 그를 보고 궁금해했다. 그의 답은 간단했다.

"우리 마을에 들어와 살고 있는 조선 사람들에게 전도하려고 사 갑니다."

용정과 그 주변 북간도 땅에는 이미 조선 후기부터 함경도 사람들이 들어가 살았다. 처음엔 밤마다 몰래 강을 건너 들어가 농사를 짓다가 1881년 중국 정부가 봉금령을 푼 후에는 중국인들에게 세를 내거나 돈을 주고 황무지를 사서 농사를 짓기 시작했다. 만주 땅은 청나라 시조(누르하치)가 태어난 '거룩한 곳'이라 해서 2백 년간 일반인의 출입과 거주를 통제하여 농사도 짓지 못하게 하였다. 그러니 얼마나 비옥한 땅이 되었겠는가? 말이 황무지이지 개간만하면 풍년이 약속된 옥토였다. 그런 땅을 조선 사람들이 개간해서 옥토로 바꾸었다. 그렇게 해서 북간도 일대에 들어간 조선족이 1907년 당시 14,700여 호에 72,000명에 달했으니 같은 시기 중국 한족이 2,800호에 18,000명이었던 것에 비하면 조선 사람이 네 배 이상 많았다. 과히 '조선 땅'이라 할 만했다. 그런데 아직 교회도, 교인도 없었다. 이런 상황에서 용정에 살던 중국인 교인 싼진이 원산까지 와서 한글 성경과 전도지를 사 가지고 간 것이다.

싼진의 원산 출현은 한국 교회와 원산 교인들을 부끄럽게 하였다. 이에 자극을 받은 원산의 남감리회와 캐나다장로회 선교부는 북간도 선교에 착수하기로 결의하고 1908년 남감리회에서 이화춘과 이응현, 캐나다장로회에서 안순영과 정재면을 용정에 파송했다. 이들 개척 선교사들은 서로 교파는 달랐지만 용정 시내에 서점을 내고 전도하기 시작했는데 연길로 나가는 길 중간에 있는 모아산을 기점으로 그 북쪽은 감리교회가, 남쪽은 장로교회가 맡기로 했다.

과연 북간도는 땅만 옥토가 아니었다. 거기 사는 사람들의 마음 밭도 옥토였다. 가난 때문에 월경한 사람들, 일제의 침략과 지배를 거부하고 독립운동을 하기 위해 온 사람들이 교회로 몰려들었다. 교회는 이들 '고향을 떠나온 나그네'들에게 위로와 희망의 근거였다. 선교 착수 1년 만에 용정과 모아산, 양무정자, 명동촌, 와룡동, 광제암 등지에 교회가 설립되었고 수백 명의 교인이 생겨났다. 구춘선·박무림·김약연·김하규·김영학·마 진·계봉우·문치정·남인상 등 기라성 같은 민족운동가들이 이 무렵 교회에 들어왔다. 교회가 교포 선교와 민족운동의 거점이 된 것은 당연하다.

하와이 가후쿠 한인교회
하와이에 도착한 이민단 교인들은 각 섬 농장에 기도실을 꾸미는 것으로 농장생활을 시작했다.

디아스포라의 선교 사명

이처럼 하와이 선교와 북간도 선교는 한국 교회가 전도와 선교를 목적으로 '나라 밖'에 처음 전도인을 파송하였다는 점에서, 그리고 가난과 망국의 한을 안고 고향을 떠났던 유랑민들을 위한 '디아스포라' 선교의 장을 열었다는 점에서 특별한 의미를 지닌다. 가난과 정치적인 환경 때문에 고향을 떠났다고 생각하며 피해의식과 소외감, 좌절감에 사로잡혀 있는 '디아스포라'들에게 나그네 생활 속에 놀라운 '하늘의 비밀'이 있음을 깨우쳐 주는 것이 '디아스포라' 선교의 궁극적인 목적이었다. 디아스포라 선교사들은 나그네 생활이 저주가 아닌 축복인 것을 강조하였다. 초대교회 시절, 세계 곳곳에 흩어져 살고 있는 디아스포라들에게 전한 베드로의 메시지, 그것이었다.

> 그러나 너희는 택하신 족속이요 왕 같은 제사장들이요 거룩한 나라요 그의 소유가 된 백성이니 이는 너희를 어두운 데서 불러내어 그의 기이한 빛에 들어가게 하신 이의 아름다운 덕을 선포하게 하려 하심이라 ○베드로전서 2장 9절

서른두 번째 이야기

나라 밖에서 '하나 된' 교회

> 내가 너희와 라오디게아에 있는 자들과 무릇 내 육신의 얼굴을 보지 못한 자들을 위하여 얼마나 힘쓰는지를 너희가 알기를 원하노니 이는 그들로 마음에 위안을 받고 사랑 안에서 연합하여 확실한 이해의 모든 풍성함과 하나님의 비밀인 그리스도를 깨닫게 하려 함이니 그 안에는 지혜와 지식의 모든 보화가 감추어져 있느니라 ○골로새서 2장 1-3절

굳이 바울의 말을 빌리지 않더라도 은총의 비밀과 믿음의 지혜는 '연합'에 있다. 그리스도와 연합하여 영생의 은총을 얻은 자는 생각과 사는 방식이 다른 사람과 연합하는 지혜를 얻는다. 믿기 전에는, "너는 나와 생각이 다르니 함께 지낼 수 없구나. 갈라서자" 하던 것이 믿은 후에는, "나와 다른 너의 생각에서 배울 것이 많으니 함께 지내자"로 바뀐다. 교리와 신조, 신학과 사상이 다른 것에서 오히려 '연합'의 비밀과 지혜를 얻게 만든다. 교회는 이런 '연합'을 통해 성장하고 성숙한다. 한국 교회사에

나오는 '연합교회' 이야기도 그러하다. 그런데 그런 한국인들의 연합교회는 하나같이 '나라 밖'에서 만들어졌다.

유학생들이 세운 도쿄 한인연합교회

한국인 최초 '연합교회'는 일본 도쿄에서 설립되었다. 도쿄에는 1883년 이수정이 개종하고 그곳 유학생들에게 전도하여 주일학교 형태의 신앙집회를 시작한 바 있었다. 그러나 그 집회는 1886년 이수정이 귀국하면서 중단되었다. 그러다가 1890-1900년대 들어 유학생들이 늘어나면서 유학생 선교의 필요성이 대두되었다. 이에 황성기독교청년회에서는 김정식을 파견하여 1906년 8월 일본 기독교청년회관을 빌려 도쿄 한인 기독교청년회를 조직하였다. 이렇게 창설된 도쿄 한인 기독교청년회는 일본 유학생 선교의 구심점이 되어 백남훈·최승만·조만식·김홍량·장웅진·오순형·이광수·최남선·송진우·김성수·김준연·전영택·신익희 등 한국 근현대사를 장식한 걸출한 인물들을 배출하였다. 이들 유학생들은 기독교청년회관에서 매주일 '성경공부 모임' 형태로 집회를 가졌다. 훗날 이들이 3·1운동의 도화선이 된 '도쿄 2·8독립선언'의 주역들이 되었음은 모두 아는 이야기다.

이처럼 유학생들이 늘어나고, 특히 국내에서 신앙생활을 하다가 유학 온 학생들이 늘어남에 따라 정식 교회를 설립할 필요가 생겼다. 주일 집회에 참석하는 40여 명 유학생들의 교파를 조사해 보니 감리교 출신은 단 한 명뿐이었고 나머지는 모두 장로교 출신이었다. 자연스럽게 '장로교' 간판을 걸기로 하고 김정식 총무는 1909년 국내 장로교 노회에 교회 창설 지원요청 서한을 띄웠다. 한국 장로교회는 곧바로 한석진 목사를 도쿄에 파송하여 유학생 중심의 한인교회를 설립했다. 교회는 당연히 장로교회로 운영되었다. 그러자 소외감을 느낀 감리교 출신 유학생들도 조금씩 숫자가 늘어나자 별도 교회를 설립하려는 움직임을 보였다. 이런 상황에서 '의식 있는' 기독교청년회 임원들과 유학생 교인들이 "같은 민족이 나라 밖에까지 와서 교파별로 나뉘어 싸우는 모습을 보여 줄 수 없다"며 한인교회를 초교파 '연합교회'로 전환하자는 운동을 전개하였다.

이런 움직임에 국내 장로교회와 감리교회가 호응하여 1912년부터 '재일본동경조선예수교연합교회'라는 이름의 초교파적인 연합교회가 탄생했다. 이때부터 장로교회와 감리교회가 2-3년마다 교대로 목사를 파송하였으며, 장로교에서 주공삼 · 이여한 · 임종순 · 서상현 · 김길창 · 오택관 · 김치선, 감리교에서 오기선 · 신공숙 · 김웅태 · 김수철 목사 등이 교대로 가서 한인교회를 담임하였다. 이러한 '연합교회' 정책은 일본의 다른 지역에서도 채택되어 일본 선교는 초교파 에큐메니컬운동 차원에서 추진되었고 그 전통은 해방 후에도 이어져 오늘의 '재일대한기독교회'로 연결되었다.

망명객들이 세운 '상하이조선인예수교회'

중국 상하이에는 일찍이 남감리회에서 경영하던 중서서원이 있어 한인 유학생들이 많이 건너갔는데, 한국인 최초 남감리교인으로 알려진 윤치호가 1884년 이곳에서 유학하는 동안 개종하였고 뒤를 이어 양주삼 목사도 중서서원에서 개종했다. 그러나 상하이에서 한인들이 집회를 시작한 것은 한일합병 이후이다. 최병헌 목사의 아들 최재학을 비롯하여 임학준·이기룡·문석진·홍순겸·이홍석 등 한일합병 이후 상하이로 건너간 '망명객'들이 1914년 11월 상하이 영조계 안에 있던 미 해군 기독교청년회관을 빌려 예배를 드리기 시작하였는데 처음에는 황성기독교청년회 간사 경험이 있던 김종상이 예배를 인도했고, 이어서 105인사건으로 옥고를 치르고 나와 망명한 선우 혁이 예배를 인도하다가 평양 장로회신학교를 중퇴한 여운형이 1917년부터 예배를 인도했다.

상하이로 몰려든 망명객들 역시 장로교 출신이 많았다. 그래서 상하이 교인들은 본국 장로교회에 목사 파송을 요청하였다. 그러나 유학생 중심의 도쿄 한인교회와 달리, 정치 망명객들이 많이 모이는 상하이 한인교회에 본국 교회는 선뜻 목사를 파송하지 못했다. 결국 상하이 한인교회는 상당 기간 평신도 중심으로 운영되었다. 그런 중에도 상하이 한인교회는 교회 부속학교로 인성학교를 설립하고 교회 청년회 형태로 '신한청년단'을 조직하였는데 바로 이 청년단에서 1919년 2월 파리 강화회담에 파견할 민족대표로 김규식을 선정하고 이를 뒷받침하기 위해 선우 혁과 김마리아를 국내로 파송한 것이 3·1운동의 기폭제가 된 것은 유명한 이야기다.

상하이 한인교회 환경은 3·1운동을 계기로 크게 바뀌었다. 목사 출신 '망명객'들이 상하이로 몰려온 것이다. 우선 3·1운동 민족대표로 서명했던 장로교 김병조 목사가 상하이로 들어왔고 계속해서 송병조·김인전·장덕로·정인과·안승원 목사가 합류하였으며 감리교에서도 현

순·손정도 목사와 이병주 전도사 등이 들어왔다. 여기에 장 붕·조상섭·정인과·김예진·이창실·여운홍·정상인·도인권·신현창·김두봉·김순애·정애경 등 기라성 같은 기독교인 독립운동가들이 몰려들었다. 이들이 초기 상하이 임시정부 조직과 활동의 주역이 되었음은 물론이다.

이로써 교회는 활기를 띠게 되었다. 그동안 남의 건물을 빌려 예배를 드렸으나, 1921년 2월 불조계에 있던 중국인 교회를 인수하여 독자적인 예배당을 마련하고 '삼일당'(三一堂)이란 간판을 걸었다. 기독교 교리의 기본인 '삼위일체'와 우리 민족 독립운동의 새로운 기원이 된 '3·1운동'의 뜻을 기리는 이중적인 의미를 담아 만든 간판이었다.

상하이 한인교회는 3·1운동 직후에도 본국 교회에 계속 연락을 취하며 협력관계를 모색했으나 본국 교회는 3·1운동 이후 '민족주의 단체' 성격이 더욱 강화된 상하이 한인교회를 경원(敬遠)하는 자세를 버리지 못하였다. 총독부와의 관계를 고려한 '보수적' 선교사들이 한국 교회로 하여금 상하이 한인교회와 거리를 두도록 조정한 측면도 없지 않았다. 결국 상하이 한인교회는 '망명지 교회'로서 '독립 교회' 체제를 구축하기로 하고 그 명칭을 '상하이조선인예수교회'(上海朝鮮人耶蘇敎會)로 바뀌면서 장로교와 감리교 헌법과 장정을 조화시킨 독자적인 운영 규칙을 만들었다.

3·1운동을 계기로 목사 부족 상태를 극복한 것이 천만 다행이었다. 오히려 목회자가 너무 많아 문제였다. 장로교와 감리교 출신 목사와 전도사 10여 명이 한꺼번에 몰려왔으니 누구를 담임자로 세울 것인가. 이에 '망명객' 교인들은 장로, 감리 따질 것 없이 매년 교인들의 투표로 그해의 담임목사를 선출하기로 하였다. 그리고 나머지 목사들로 '상의회'를 구성, 교인 치리와 교회 운영에 관한 사항을 협의하도록 하였다. 상하이 임

시정부의 정치 원리인 '민주주의' 원칙에 따라 교회를 조직하고 운영하게 된 것이다. 이로써 '망명지'인 상하이에 독특한 형태의 '장·감연합교회'가 설립되었다.

단일 민족의 '하나 된 교회'

유학생들이 세운 도쿄 한인교회도 그러하고, 망명객들이 세운 상하이 한인교회도 그러하고, 해외에서 한인들이 세운 교회는 교파를 초월하여 '연합'하는 아름다운 모습을 보여 주었다. 비록 국내에서는 선교사들이 전해 준 '교파주의'(sectarianism)로 인해 갈등과 분열의 모습을 보여 주었지만 국외에서만큼은 '장로', '감리' 따지지 않고 '하나 된 교회'를 향한 '단일 민족'의 저력을 유감없이 보여 주었던 것이다. 사도 시대부터 기독교 역사가 증언하는 바, 교회의 머리 되시는 그리스도의 완전한 분량에까지 이르려는 신앙인들의 성장 의지가 작용한 결과라 하겠다.

> **온몸이 머리로 말미암아 마디와 힘줄로 공급함을 받고 연합하여 하나님이 자라게 하시므로 자라느니라** ○ 골로새서 2장 19절

○ 일본 도쿄 한인연합교회 교인들(1914년)
유학생들은 "같은 민족이 나라 밖에서 교파별로 나뉘는 모습을 보여 줄 수 없다"며 초교파 '연합교회' 운동을 전개하였다.

서른세 번째 이야기
구세동 '예수 마을'

> 믿음으로 아브라함은 부르심을 받았을 때에 순종하여 장래의 유업으로 받을 땅에 나아갈 새 갈 바를 알지 못하고 나아갔으며 믿음으로 그가 이방의 땅에 있는 것같이 약속의 땅에 거류하여 동일한 약속을 유업으로 함께 받은 이삭 및 야곱과 더불어 장막에 거하였으니 이는 그가 하나님이 계획하시고 지으실 터가 있는 성을 바랐음이라 ○히브리서 11장 8-10절

아브라함 때부터 '믿음의 사람' 이야기는 고향을 떠나는 것으로 시작한다. '본토 친척, 아비의 집을 떠나'(창세기 12:1) 익숙한 곳에서 낯선 곳으로, 친척과 헤어져 이방인 마을로 길 떠나는 나그네들의 이야기다. 모세도 그랬고 예레미야도 그랬으며 바울도 그랬고 이 땅에 와서 복음을 전한 선교사들도 그러했다. 성경과 교회사는 현실에 안주하기보다는 미래의 약속을 바라고 모험을 감행한 신앙인들의 이야기로 꾸며진다. 한국 초대교회사도 그러한 나그네들의 믿음 이야기다.

성진 노인이 개척한 장은평

1910년 일본이 우리나라를 강제 합병한 후 무단통치를 펴면서 정치적으로, 경제적으로 우리 민족을 탄압하자 일본의 지배를 받느니 차라리 고향을 떠나 남의 나라 땅으로 건너가 기독교 '이상촌'을 만들어 새로운 미래를 개척하려는 기독교인들이 늘어났다. 개울 같은 강만 건너면 곧바로 만주로 들어갈 수 있는 함경도에서 그런 교인들이 많이 나왔다. 1928년에 출판된 《조선예수교장로회사기》(상)에 이런 기록이 있다.

> [1911년] 중국 동만주 장은평교회가 설립하다. 일찍이 성진(城津) 노인 양진섭이 가족 12호 72인을 영솔(領率)하고 이곳에 이주하야 교회를 설립하고 동명을 장은평(臧恩坪)이라 명명하니 옛날 이색열(以色列)이 열두 아들의 가족 72인을 영솔하고 애급으로 이주함과 상응(相應)함이러라.

함남 성진에 살던 교인 양진섭 노인이 자기 집안 12가족 72명 식구를 이끌고 두만강을 건너 동만주 화룡에 들어가 교회를 세운 후 마을 이름을 '장은평'이라 하였다. 중국인에게서 황무지를 사서 마을 이름을 "은총을 머금은 땅"이란 뜻의 '장은평'으로 지은 것에서 노인의 신앙을 읽을 수 있다. 그가 인솔해 들어간 '12가족 72명 식구'는 구약의 이스라엘(야곱)이 노년에 애굽으로 데리고 간 열두 아들과 그 식솔 70명(출 1:1-5)을 상징하는 것이었다(애굽에서 태어난 요셉의 두 아들을 포함하면 72명이다). 그가 출발할 때부터 의도적으로 숫자를 조정했는지 여부는 불확실하나 고향을 떠나 만주로 들어간 자신의 행위를 성경의 '입애굽'(入埃及) 사건으로 해석하여 그 의미를 부여하였던 것이다. 그렇기에 야곱 같은 양진석 노인은 장은평에 들어가자마자 제일 먼저 언덕에 예배당을 지은 다음 열두 가족이 살 집을 짓고 황무지를 개간했다.

장은평 '예수촌' 사람들은 민족의식도 강했다. 1919년 3·1운동이 일어났을 때, 장은평교회 종소리에 맞추어 이 일대 조선족들이 일제히 만세를 불렀으며 이곳에서 멀지 않은 청산리에서 홍범도 장군이 이끄는 독립군이 일본군과 전투를 벌일 때도 장은평 주민들이 적극 지원한 관계로, '경신대토벌'(1920년) 때 이곳에 진주한 일본군이 장은평 마을 전 가옥을 불사르고 주민 10여 명을 현장에서 학살하는 만행을 저질렀다. 이런 수난을 겪었음에도 장은평교회는 뛰어난 회복 능력을 발휘하여 불과 5년 만에 3백여 명 교인이 모이는 '동만제일'(東滿第一)의 교회가 되었으니, 마을 주민 모두가 교인이었기 때문에 가능한 일이었다. 장은평 사람들은 전부터 예수를 믿은 사람이거나, 들어와서 믿기로 약속한 사람들만 마을에 받아들였다. 그래서 장은평은 예수 믿는 사람들만 사는 동네라 해서 '예수촌'이라 불리게 되었다.

이런 장은평이 지금은 어떻게 되었을까? 해방 후 공산 정권이 들어선 후 교회는 폐쇄되고 교인들은 대부분 그 마을을 떠났다. 마을 이름도 '37대', '48대'처럼 군대식으로 모두 바뀌어 '장은평'이란 지명을 가지고 가서 물으면 아는 사람이 거의 없다. 그런데 화룡시 토산진까지 가서 칠십 넘은 노인에게 "예수촌이 어딥니까?" 하고 물으면 "저기 37대 지나 48대로 가는 언덕배기 마을이야" 하고 알려 준다. 교회도 사라지고 교인도 없는 마을이지만 '예수촌'이란 별명은 지금도 남아 90년 전 이곳에 들어와 예수 마을을 일궜던 성진 교인들의 이야기를 전하고 있다.

레위인의 성읍 같은 구세동

장은평에서 멀지 않은 화룡시 팔가자진 상남 5조에도 그런 예수 마을이 있었다. 장은평교회보다 2년 늦게 개척된 구세동(救世洞)교회다. 구세동 마을과 교회는 함북 길주 출신 이종식과 그 가족, 친척 10여 명이 개척하였다. 고향을 떠날 때 이미 교인이던 이들도 이곳 골짜기에 들어와 중국인에게서 땅을 사서 마을 이름을 '구세동'이라 하였으니 그 믿음을 알 만 하다. "구세주를 믿는 마을", "세상을 구하는 마을"이라는 뜻으로 예수 마을인 것을 공개적으로 드러낸 셈이다.

장은평과 마찬가지로 구세동도 예수 믿는 사람들만 들어와 살았다. 그리고 장은평 마을과 마찬가지로 구세동도 '경신대토벌' 때 일본군이 들어와 예배당은 물론 마을 전체를 불 질렀고 살육을 감행했다. 장은평처럼 구세동엔 지금도 '조선족'만 살고 있다. 그래서 남한에서는 민속마을에서나 찾아볼 수 있는 초가집과 연자방아를 구세동이나 장은평에서 쉽게 볼 수 있다.

물론 지금 구세동엔 교회가 없다. 장은평처럼 해방 후 예배당은 폐쇄되었고 교인 가족들은 대부분 마을을 떠났다. 그러나 곳곳에 '예수 마을' 흔적이 남아 있다. 우선 마을 입구 언덕의 공동묘지엔 일제시대 별세한 교인들의 무덤들이 십자가 문양을 새긴 비석들과 함께 고스란히 남아 있다. 묘지를 지나 마을로 들어서면 제일 먼저 예배당이 있던 자리엔 십자가만 걸면 예배당으로 바뀔 만한 민가가 나오는데, 그 집 주인은 몇 년 전부터 인근 토산 조선족교회에 출석하고 있다. 그 말고도 매주일 10명 이상이 예배에 참석하고 있다. 구세동 마을에 신앙이 부활한 것이다!

지난 2003년 겨울, 구세동을 찾았을 때 아내와 동생 가족이 교회에 다니고 있다는 구세동 촌장이 전하는 '예수 마을' 이야기다.

"조상들에게 들은 이야깁니다만 우리 마을에 세 가지 전통이 있었답니다. 첫째는 교인 아닌 사람들은 우리 마을에 들어와 살지 못했답니다. 지금도 흔적이 남아 있습니다만 마을 전체를 돌로 성을 쌓고 성문을 내서 출입자를 검문했답니다. 교인 아닌 사람들의 출입을 통제한 것이겠지요. 둘째, 네 것 내 것 없이 살았답니다. 지금도 대문이나 방문을 잠그는 집이 없습니다만, 옛날부터 우리 마을엔 도둑이 없었습니다. 양식이 떨어지거나 어려운 일을 당한 사람이 있으면 마을 전체가 나서 도와주었습니다. 셋째, 일주일에 하루 철저하게 쉬었는데 그 규율을 어기면 큰 징벌을 받았답니다. 또 육일 동안 일 안 하고 게으르게 지낸 사람에게도 벌을 내렸답니다. 육일 동안 열심히 일한 사람만 예배당에 갈 수 있었답니다."

구약에 나오는 '레위인의 성읍'이나 '도피성' 같은 구세동 사람들이 안식일에 '아무 일도 하지 말라'는 규정과 함께 "엿새 동안은 힘써 네 모든 일을 행"(출 20:9-10)하라는 규정을 철저히 지켰으니, 황무지가 옥토로 바뀔 것은 당연하다. 해방 후 이곳을 방문한 공산당 고위 간부가 '구세동'이란 마을 이름이 마음에 들지 않는다며 '풍산'(豊山)이란 새 이름을 지어 주었다니, 무신론자의 눈에도 '풍요로운 마을'로 보였던 것이다. 믿음의 사람들이 일궈낸 기적의 역사였다.

이방인의 땅에 이루어진 '하늘나라'

장은평도 구세동도 일제시대 정치·경제적 탄압을 피해 고향을 떠난 교인들이 이방인의 땅에 들어가 일궈낸 '신앙촌', '예수 마을'이었다. 그들이 만주 땅에서 꿈꾼 것은 정치적 자유나 경제적 부요만이 아니었다. 성경과 신앙의 원리를 그대로 실천할 수 있는 공간, 곧 하나님의 뜻이 실현된 인류 사회로서 '하늘나라'[天國] 그것이었다. 아브라함 이후 고향을 떠난 나그네 신앙인들이 바라던 그 꿈이었다.

> 그들이 나온 바 본향을 생각하였더라면 돌아갈 기회가 있었으려니와 그들이 이제는 더 나은 본향을 사모하니 곧 하늘에 있는 것이라 ○히브리서 11장 15-16절

구세동 마을 전경

찾아보기

구약

| 창 | 32:27-28 | 119쪽 |
| 애 | 1:1 | 203쪽 |

신약

마	5:14-15	73쪽
	5:16	78쪽
	6:2-4	80쪽
	16:13-15	41쪽
	16:16	46쪽
	26:52	209쪽

| 막 | 1:14-15 | 157쪽 |
| | 2:21-22 | 170쪽 |

눅	2:14	132쪽
	3:4-6	109쪽
	3:7-8	162쪽
	3:11	114쪽
	10:25-26	102쪽
	10:28	108쪽
	10:33-34	57쪽
	10:36-37	64쪽
	12:33	86쪽
	13:31-32	224쪽
	13:33	230쪽
	21:1-4	177쪽
	22:39-42	184쪽
	23:44-45	134쪽

요	1:1	21쪽
	1:14	126쪽
	1:29	210쪽
	6:26-27	96쪽
	6:68	101쪽
	12:24	65쪽
	12:25	72쪽

행	1:14	190쪽
	2:2-4	28쪽
	2:11	34쪽
	2:40-41	241쪽
	2:47	246쪽
	11:26	124쪽
	16:9	35쪽
	16:10	40쪽
	17:22-23	141쪽
	17:24-25	146쪽

롬	3:20-21	153쪽
	10:1	222쪽
	12:16	94쪽
	15:4	217쪽

고전	1:27-28	89쪽
	3:6	51쪽
	3:9	56쪽

| 고후 | 9:10-11 | 182쪽 |

| 갈 | 3:23-25 | 147쪽 |

엡	2:11-13	163쪽
	2:14	140쪽
	2:20-22	168쪽
	4:22-24	176쪽

골	2:1-3	255쪽
	2:19	260쪽
	4:3	26쪽

| 딤후 | 3:15 | 192쪽 |
| | 3:16-17 | 200쪽 |

| 히 | 11:8-10 | 262쪽 |
| | 11:15-16 | 267쪽 |

벧전	1:1-2	248쪽
	2:9	254쪽
	3:17-18	216쪽
	4:12-13	231쪽
	4:14	237쪽

한국 교회 처음 이야기
Early Korean Church History through Perspectives on the Bible

지은이 이덕주
펴낸곳 주식회사 홍성사
펴낸이 정애주
국효숙 김의연 박혜란 손상범
송민규 오민택 임영주 차길환

2006. 5. 26. 초판 발행   2024. 7. 15. 25쇄 발행

등록번호 제1-499호 1977. 8. 1.
주소 (04084) 서울시 마포구 양화진4길 3   전화 02) 333-5161   팩스 02) 333-5165
홈페이지 hongsungsa.com   이메일 hsbooks@hongsungsa.com
페이스북 facebook.com/hongsungsa
양화진책방 02) 333-5161

ⓒ 이덕주, 2006

• 잘못된 책은 바꿔 드립니다.   • 책값은 뒤표지에 있습니다.

ISBN 978-89-365-0234-8 (03230)